Orientações
litúrgicas para
bem celebrar

Dados Internacionais de Catalogação na Publicação (CIP)
(Câmara Brasileira do Livro, SP, Brasil)

Beckhäuser, Alberto
    Orientações litúrgicas para bem celebrar /
Frei Alberto Beckhäuser. – Petrópolis, RJ : Vozes, 2018.

    ISBN 978-85-326-5862-3

    1. Celebrações litúrgicas 2. Liturgia – Igreja Católica
3. Vida cristã I. Título.

18-18515   CDD-264.02

Índices para catálogo sistemático:
1. Celebrações litúrgicas : Igreja Católica :
Cristianismo   264.02

Maria Paula C. Riyuzo – Bibliotecária – CRB-8/7639

Frei Alberto Beckhäuser, OFM

Orientações litúrgicas para bem celebrar

EDITORA VOZES
Petrópolis

© 2018, Editora Vozes Ltda.
Rua Frei Luís, 100
25689-900 Petrópolis, RJ
www.vozes.com.br
Brasil

Todos os direitos reservados. Nenhuma parte desta obra poderá ser reproduzida ou transmitida por qualquer forma e/ou quaisquer meios (eletrônico ou mecânico, incluindo fotocópia e gravação) ou arquivada em qualquer sistema ou banco de dados sem permissão escrita da editora.

CONSELHO EDITORIAL

Diretor
Gilberto Gonçalves Garcia

Editores
Aline dos Santos Carneiro
Edrian Josué Pasini
Marilac Loraine Oleniki
Welder Lancieri Marchini

Conselheiros
Francisco Morás
Ludovico Garmus
Teobaldo Heidemann
Volney J. Berkenbrock

Secretário executivo
João Batista Kreuch

Editoração: Leonardo A.R.T. dos Santos
Diagramação: Sheilandre Desenv. Gráfico
Revisão gráfica: Nilton Braz da Rocha
Capa: Ygor Moretti
Ilustração de capa: Alexandre Maranhão

ISBN 978-85-326-5862-3

Editado conforme o novo acordo ortográfico.

Este livro foi composto e impresso pela Editora Vozes Ltda.

Sumário

Nota do editor, 7

Não pergunte se pode ou não pode, mas que sentido tem, 9

Liturgia, obra de Deus, 12

Jesus Cristo, o centro da sagrada liturgia, 15

A liturgia e os ritos são a mesma coisa?, 18

O que é mistério pascal, 21

Liturgia: repouso e não estresse, 24

A liturgia, celebração da Páscoa, 27

O símbolo, 30

O mistério, 33

O rito, 36

Comer a ceia do Senhor, 39

O que é participação ativa na liturgia, 42

Da casa da Igreja para a igreja casa, 45

Sacerdote, 48

Sacrifício: o que significa?, 51

A páscoa da Igreja ou vigília pascal, 54

Advento, caminhada para o Natal do Senhor, 57

Participação da liturgia, 59

Comunicação litúrgica, 62

A linguagem corporal na liturgia, 64

A linguagem simbólica da liturgia, 67

O caráter dialogal da sagrada liturgia, 70

O silêncio sagrado, 73

O silêncio acompanhando leituras, orações, ações e posturas corporais na liturgia, 76

As doxologias na liturgia, 79

Liturgia como celebração, 82

Rezar em salmos, 85

Celebrar com símbolos?, 88

Chegar na hora, 91

O "Senhor, tende piedade" sozinho não é ato penitencial, 94

Glória e não "glorinha", 97

Recepção da Palavra de Deus, 100

O *Aleluia* na aclamação ao Evangelho, 103

O Senhor esteja "convosco", 106

Preparação da mesa do Senhor, 109

Canto das oferendas e coleta ou oferta dos fiéis, 112

O rito da paz, 115

O "Cordeiro de Deus" e a fração do pão, 118

Comunhão na boca ou na mão, 121

Nota do editor

Este livrinho é uma coletânea de pequenos textos de Frei Alberto Beckhäuser. Os textos têm em comum a brevidade e a objetividade. Foram agrupados de maneira a se completarem mutuamente, mas certamente o leitor perceberá que foram escritos em momentos diferentes.

Grande parte deste trabalho fora já publicado no site dos franciscanos sob o título "Gotas de liturgia", contando considerável número de visualizações. Ao buscar os arquivos pessoais de Frei Alberto, logo após sua páscoa, descobrimos os mesmos textos com algumas alterações ou acréscimos. Demos preferência àqueles que evidenciam alguma correção mais recente.

Os textos foram agrupados de forma a apresentar algum grau de progressão. Os primeiros tratam de questões mais fundamentais, enquanto os últimos se referem a questões mais práticas e pontuais. O primeiro texto serve como introdução. Quem conviveu com Frei Alberto sabe o quanto se incomodava com as perguntas do tipo "pode ou não pode". Nada mais justo, portanto, do que começar esta coletânea ajudando o leitor a entrar em sintonia com o pensamento do autor.

Vale lembrar que algumas abreviaturas usadas no texto são bastante conhecidas, como, por exemplo, IGMR (*Instrução Geral sobre o Missal Romano*) ou SC (*Sacrosanctum Concilium*), o documento conciliar sobre a sagrada liturgia.

Boa leitura!

Não pergunte se pode ou não pode, mas que sentido tem

Quando qualquer grupo realiza uma ação comunitária, como uma festa ou um jogo, ele segue um roteiro para se compreender em sua comunicação. Assim, não há jogo sem regras. Essas normas ou regras devem ser conhecidas e seguidas por todos os participantes. Caso contrário, em vez de comunhão só sairá confusão. As regras sustentam o jogo, elas são a comunicação do jogo. O que importa mesmo é o jogo, é a festa.

Assim também na sagrada liturgia. Ela é sempre uma ação comunitária da Igreja, comemorando o mistério pascal ou os diversos mistérios de Cristo. As normas ou os ritos constituem como que as regras do jogo, para que aconteça o jogo.

A liturgia se expressa através de sinais sensíveis e significativos da obra da salvação e de glorificação do Deus de Jesus Cristo, nosso Senhor e Salvador. Esses sinais que chamamos também de símbolos são os diversos ritos, constituídos não só de palavras, mas de ações que comemoram e tornam presentes a Páscoa de Cristo e dos cristãos, ou celebram as páscoas dos cristãos na Páscoa de Cristo.

Os ritos, as normas constituem a linguagem dos mistérios celebrados, levam os fiéis entrarem em comunhão com o mistério, a se tornarem um com Deus, por Cristo, na força do Espírito Santo.

Assim existem na liturgia dois aspectos a serem observados.

> A liturgia [como ensina o Concílio Vaticano II] consta de uma parte imutável, divinamente instituída, e de partes suscetíveis de mudança. Estas, com o correr dos tempos, podem ou mesmo devem variar, se nelas se introduzir algo que não corresponda bem à natureza íntima da própria liturgia, ou se estas partes se tornarem menos aptas. Com esta reforma, porém, o texto e os ritos devem ordenar-se de tal modo, que de fato exprimam mais claramente as coisas santas que eles significam e o povo cristão possa compreendê-las facilmente, na medida do possível, e também participar plena e ativamente da celebração comunitária (SC 21).

Acontece frequentemente em aulas, cursos ou encontros de formação litúrgica que os participantes comecem a perguntar: "Pode isso, pode aquilo?" Costumo responder: "Não pergunte se pode ou não pode, mas que sentido tem tal norma ou tal rito, ou por que tal norma, tal rito".

Nosso objetivo [neste livro] é explicar o sentido das diversas expressões litúrgicas, procurando sempre seu sentido religioso, seu sentido de linguagem, de comunicação do mistério celebrado e captar e aprofundar o mistério revelado e comunicado por eles.

Assim os leitores serão levados a compreender melhor o que seja a sagrada liturgia, a entender o sentido teológico e espiritual das "sagradas cerimônias" da Igreja. A liturgia será acolhida e vivida como cume e fonte de toda a vida cristã, como a primeira e necessária fonte, da qual os fiéis haurem o espírito verdadeiramente cristão (cf. SC 14).

Claro que a liturgia precisa também de normas, de leis, que orientam e sustentam a ação comunitária, mas elas não são o elemento principal. Assim evitaremos uma compreensão por demais jurídica ou legalista da liturgia da Igreja. Não se cairá em um ritualismo estéril.

Liturgia, obra de Deus

Antes de ser ação da Igreja, a liturgia é obra de Deus. A palavra "liturgia" é composta de dois termos: *lêiton*, daí *laós*, que em grego significa *povo*, o público, a comunidade, e *érgon*, que significa *obra*, *ação*. Então, *liturgia* significa *obra* ou *ação em favor do povo*.

Na Grécia antiga usava-se a palavra *liturgia* ao menos em três sentidos: qualquer obra em favor do povo; um serviço religioso sacerdotal em favor do povo; e qualquer serviço de alguém em favor de outra pessoa.

Na Bíblia do Antigo Testamento a palavra *liturgia* era usada nestes dois sentidos: o serviço religioso em favor ou em nome do povo, e qualquer serviço prestado ao próximo.

A Carta aos Hebreus chama de *liturgia* o serviço da salvação que Jesus Cristo prestou à humanidade através do mistério da encarnação, vida, paixão-morte, ressurreição, ascensão aos céus e envio do Espírito Santo. Por essa sua atitude de obediência ao Pai, Jesus restabeleceu a comunhão da humanidade com Deus. A essa ação chamamos mistério pascal.

Jesus, por sua vez, na força do Espírito Santo, confiou aos apóstolos esse seu serviço de salvação à humanidade.

A Igreja, por sua vez, exerce essa função de serviço de salvação à humanidade de duas maneiras.

Primeiro, através do memorial testamentário. O testamento de Jesus é o novo mandamento, o mandamento do amor: "Amai-vos uns aos outros como eu vos amei". A ação da caridade constitui uma verdadeira *liturgia*: serviço de salvação à humanidade. É a liturgia vivida. Dessa forma, a Igreja, comunidade de amor, é sacramento, é sinal e instrumento de salvação.

A segunda maneira de prestar esse serviço de salvação à humanidade é pelo memorial celebrativo ou ritual. Fazendo memória da obra da salvação de Deus, através de sinais sensíveis e significativos da obra da salvação, a Igreja torna presente, atualiza essa obra. É aquilo que a Igreja chama, propriamente, de *liturgia*. Assim, a liturgia supera infinitamente a nós; ela é obra da Santíssima Trindade, é obra de Jesus Cristo. A liturgia é um dom de Deus concedido à humanidade por Cristo e em Cristo, na força do Espírito Santo.

Pela celebração da obra de Deus da salvação realiza-se a comunhão de amor e de vida entre Deus e a humanidade. Por isso, não devemos querer apropriar-nos da liturgia, mas deixar-nos possuir por ela. A liturgia não nos pertence. Não podemos querer conduzir a liturgia, mas deixar-nos conduzir por ela.

A liturgia tem sua fonte em Deus mesmo, na Santíssima Trindade. Deus é liturgia, intercomunhão de vida e de amor entre as Três Pessoas da Santíssima Trindade. Na plenitude dos tempos, Deus é liturgia no mistério da encarnação do Filho, por quem e para quem todas as coisas foram feitas. Deus serve à humanidade não só na obra da criação, mas também na obra da salvação por Cristo e em Cristo. Deus, a Trindade Santa, é liturgia através da obra da salvação do Filho feito homem, por quem Deus reconcilia toda a humanidade consigo mesmo e restabelece a comunhão divino-humana.

Por essa obra Jesus presta o verdadeiro culto ao Pai em espírito e verdade, culto este que Cristo deixa a toda a humanidade como dom.

Pela liturgia celebrada, a Igreja atualiza esse culto de Jesus Cristo prestado ao Pai e participa sacramentalmente dele. A liturgia celebrada é o momento histórico da salvação no qual o ser humano é santificado e Deus é glorificado.

Jesus Cristo, o centro da sagrada liturgia

A liturgia é obra da Santíssima Trindade na celebração da obra da salvação realizada por Cristo comemorada pela Igreja. Assim, podemos dizer que o centro da liturgia é Jesus Cristo, seus mistérios, sintetizados no mistério pascal de sua morte e ressurreição.

Toda celebração litúrgica da Igreja, a celebração dos sacramentos ou outras celebrações dos mistérios de Cristo, sempre fazem memória de Jesus Cristo. Tudo deve, pois, convergir para Cristo e nada desviar desse centro.

Quem representa ritualmente esse centro, nas celebrações?

São pessoas ou coisas que representam Cristo, como diz a *Sacrosanctum Concilium*:

> Para levar a efeito obra tão importante Cristo está sempre presente em sua Igreja, sobretudo nas ações litúrgicas. Presente está no sacrifício da missa, tanto na pessoa do ministro, "pois aquele que agora oferece pelo ministério dos sacerdotes é o mesmo que outrora se ofereceu na Cruz", quanto, sobretudo, sob as espécies eucarísticas. Presente está pela sua força nos sacramentos, de tal forma que quando alguém batiza é Cristo mesmo que batiza. Presente está pela sua Palavra, pois é Ele mesmo que fala quando se leem as Sagradas Escrituras na igreja. Está presente finalmente quando a Igreja ora e salmodia, Ele que prometeu: "Onde dois ou três estiverem reunidos em meu nome, aí estarei no meio deles" (Mt 18,20) (SC 7).

Cristo, que está presente e age pelo seu Espírito na sagrada liturgia, manifesta-se, portanto, de vários modos.

1) *Nas sagradas espécies do pão, e do vinho com água* – Daí a sacralidade do momento da apresentação dos dons, da preparação do altar, da consagração e da Sagrada comunhão.

2) *No ministro* – Mas o ministro, que nos principais sacramentos é o sacerdote, está a serviço da liturgia e da assembleia. Ele não pode e não deve ser o centro das atenções. Ele preside em nome de Cristo e representa Cristo. "Quando celebra a Eucaristia, ele deve servir a Deus e ao povo com dignidade e humildade, e, pelo seu modo de agir e proferir as palavras divinas, sugerir aos fiéis uma presença viva de Cristo" (IGMR 93). Os fiéis não irão participar da missa por causa deste ou daquele padre, mas por causa de Cristo. Portanto, nada de vedetes ou de *showman*.

3) *Está presente na Palavra* – O leitor não é o centro, mas é Cristo que está falando. Ele está a serviço da Palavra de Deus. Que sublime ministério o de proclamar a Palavra de Deus na assembleia celebrante!

4) *Na assembleia* – A assembleia constitui o corpo de Cristo, formado de muitos membros, mas formando um só corpo. Daí as ações comuns da assembleia na celebração, as posições comuns do corpo, os gestos e as palavras. Todos os demais ministérios também devem expressar a presença de Cristo que serve. Pensemos nos diáconos; depois, no salmista, nos acólitos, nos coletores, no comentarista, no grupo de cantores, no animador do canto, nos instrumentistas. Todos devem lembrar Cristo e servir a Cristo, servindo à assembleia.

5) *O espaço celebrativo, a igreja* – Nela existem, sobretudo, três centros, sinais da presença e da ação de Cristo, a serviço da assembleia, e nos quais se concentra a atenção dela. São eles o altar que é Cristo, o ambão, em que a Palavra é Cristo,

e a cadeira do presidente, que age em nome de Cristo. Temos, portanto, o Cristo presente no altar, na mesa da Palavra e cadeira de presidência. O centro de convergência de todo o espaço deverá ser, pois, o altar.

Tudo fala de Cristo, tudo deve transmitir um clima sagrado de nobre simplicidade. O altar é despojado, coberto ao menos com uma toalha branca, a cor sacerdotal. Não pode ser um depósito de tudo quanto é bugiganga. Tudo estará centralizado em Cristo Jesus.

A liturgia e os ritos são a mesma coisa?

Se considerássemos a liturgia simplesmente como um conjunto de ritos estaríamos muito errados e cairíamos em um estéril ritualismo já condenado por Jesus Cristo, que pede um culto espiritual a Deus no espírito e na verdade.

O rito constitui um aspecto da liturgia da Igreja. É um elemento constitutivo da liturgia, mas não *é* a sagrada liturgia.

A sagrada liturgia nos supera infinitamente. Ela constitui um dom de Deus dado à humanidade através de Jesus Cristo, na força do Espírito Santo. É obra da Santíssima Trindade. Assim, não nos compete apossar-nos da liturgia, mas deixar-nos possuir por ela. Não nos compete conduzir a sagrada liturgia, mas deixar-nos conduzir por ela.

Antes de nós servirmos a Deus, Deus serviu aos seres humanos. Liturgia significa ação em favor do povo, em favor da comunidade. A liturgia divina é, primeiramente, o serviço que Deus presta a si mesmo, no mistério da Santíssima Trindade. Depois, o serviço que Deus prestou à humanidade, dando-nos o seu Filho Jesus Cristo, que por sua morte e ressurreição prestou o serviço de glorificação ao Pai e o serviço de salvação e santificação à humanidade. A esse serviço de salvação de Jesus a Igreja chama de mistério pascal. Diz o Concílio Vaticano II:

> Essa obra da redenção humana e da perfeita glorificação de Deus, da qual foram prelúdio as maravilhas divinas operadas no povo do Antigo Testamento, completou-a Cristo Senhor, principalmente pelo mistério pascal de sua sagrada paixão, ressurreição dos mortos e gloriosa ascensão. Por este mistério, Cristo, "morrendo, destruiu a nossa morte e, ressuscitando, recuperou a nossa vida". Pois do lado de Cristo dormindo na cruz nasceu o admirável sacramento de toda a Igreja (SC 5).

Em seguida, o Concílio ensina como essa obra da redenção e da perfeita glorificação de Deus chega até nós, como podemos participar dela:

> Assim como Cristo foi enviado pelo Pai, assim também Ele enviou os apóstolos, cheios do Espírito Santo, não só para pregarem o Evangelho a toda criatura, anunciarem que o Filho de Deus, pela sua morte e ressurreição, nos libertou do poder de satanás e da morte e nos transferiu para o reino do Pai, mas ainda para levarem a efeito o que anunciavam: a obra da salvação através do sacrifício e dos sacramentos, em torno dos quais gira toda a vida litúrgica (SC 6).

A Igreja tem a missão não só de anunciar a salvação, o mistério pascal, mas de realizá-lo. Para isso Cristo Jesus continua presente e atuante na Igreja, sobretudo nas ações litúrgicas (cf. SC 7).

> A liturgia é tida como o exercício do múnus sacerdotal de Jesus Cristo, no qual, mediante sinais sensíveis, é significada e, de modo peculiar a cada sinal, realizada a santificação do homem; e é exercido o culto público integral pelo corpo místico de Cristo, Cabeça e membros (SC 7).

A liturgia celebrada é a obra da salvação e do culto de Cristo prestado ao Pai tornada presente e atual através de sinais sensíveis e significativos da própria ação sacerdotal de Cristo. Esses sinais sensíveis e significativos da ação salvadora e do verdadeiro culto prestado por Cristo ao Pai formam os ritos. Os ritos são, pois, a expressão significativa da obra da salvação e da glorificação da qual os que celebram participam.

Jesus agiu uma vez para sempre. Essa ação de Jesus torna-se presente para os que nele creem e se deixam atingir pela ação salvadora de Jesus. É isso a liturgia celebrada.

O que é mistério pascal

Para se compreender o que seja a liturgia é de suma importância saber o que significa mistério pascal.

Temos aqui dois termos que devemos aprofundar: mistério e páscoa. As duas palavras têm a ver com Jesus Cristo, pois se trata do mistério de Cristo e da Páscoa verdadeira que também é Jesus Cristo que saiu do Pai e veio a este mundo e novamente deixou o mundo e voltou para o Pai.

Entende-se por mistério algo fechado que pode ser aberto e é feito para ser aberto, como, por exemplo, a porta, a janela. É algo oculto que se revela, mas que, na ordem da criação, nunca se revela totalmente. É aquela realidade que está por trás de uma realidade sensível. Devemos superar a ideia de mistério como algo simplesmente oculto, como algo secreto, algo inatingível pela razão humana. Mistério é ação, é relação, é comunicação. Onde há uma relação de vida no amor aí se realiza o mistério.

Podemos dizer que Deus é mistério em si mesmo, enquanto Deus é intercomunhão de amor e de vida entre as pessoas da Trindade Santa. Mistério é também o plano de Deus de fazer outros seres fora dele participarem de sua vida, do seu amor, da sua felicidade e de sua glória, plano este revelado e realizado no Filho encarnado, Jesus Cristo, e em todos aqueles que aderem a esse plano em Cristo. Enquanto esse plano se revela e se realiza em Cristo Jesus, ele se chama mistério de Cristo. Onde se realiza a comunhão de vida e de amor entre Deus e os seres humanos realiza-se o mistério. O mistério se realiza onde Deus e o ser humano se encontram, onde convivem no amor, onde se realiza a comunhão divino-humana. Realiza-se também onde acontece a comunhão de amor dos seres humanos em Deus como, por exemplo, no amor conjugal. São Paulo diz: *É grande esse mistério!*

Mistérios de Cristo, no plural, são ações de Jesus Cristo, pelas quais se revela e se realiza o plano de Deus de salvação, de comunhão divino-humana como são a encarnação, o nascimento, o batismo no Rio Jordão e, particularmente, sua paixão, morte, ressurreição e ascensão aos céus.

A partir dessa compreensão de mistério, podemos agora compreender o mistério pascal. Eis o que diz o Vaticano II:

> Essa obra da redenção humana e da perfeita glorificação de Deus, da qual foram prelúdio as maravilhas divinas operadas no povo do Antigo Testamento, completou-a Cristo Senhor, principalmente pelo mistério pascal de sua sagrada paixão, ressurreição dos mortos e gloriosa ascensão. Por este mistério, Cristo, "morrendo, destruiu a nossa morte e, ressuscitando, recuperou a nossa vida". Pois do lado de Cristo dormindo na cruz nasceu o admirável sacramento de toda a Igreja (SC 5).

Cristo, morrendo, destruiu a nossa morte e, ressuscitando, recuperou a nossa vida. O Senhor Jesus, passando deste mundo para o Pai, isto é, pela sua Páscoa, vence o pecado e a morte não só para si, mas para toda a humanidade. Por sua Páscoa, Ele recuperou a nossa vida. O mistério pascal compreende todos os mistérios de Cristo, mas particularmente sua paixão, morte, ressurreição e ascensão ao céu.

Jesus confiou o mistério pascal aos apóstolos e a toda a Igreja, que o realizam através do anúncio deste mistério, de sua celebração na sagrada liturgia e pelas ações da caridade, vivendo o novo mandamento.

Por isso, o mistério pascal se encontra no centro da liturgia e de toda a vida cristã.

Liturgia: repouso e não estresse

Hoje em dia muitas celebrações litúrgicas, em vez de levarem ao repouso, conduzem a um verdadeiro cansaço, um perigoso estresse. Uma senhora me dizia, em Goiânia, que na terra onde mora, perto de Belém do Pará, as missas estão se tornando insuportáveis devido ao estrépito, à barulheira do canto, dos conjuntos musicais, além de comentários intermináveis e avisos que não terminam. Às vezes, ainda consegue levar o marido à missa, diz ela, mas a certa altura ele diz: "Mulher, não aguento mais, vou embora". De fato, levanta-se e se retira.

Ora, a sagrada liturgia não constitui um espetáculo. Toda a assembleia celebrante brinca diante de Deus e em Deus. A liturgia não é conquista humana. Não é eficaz pela força das palavras como se fosse uma conquista. É obra de Deus, puro dom divino, Deus mesmo a ser acolhido. A liturgia leva a assembleia ao repouso em Deus e não ao cansaço, ao estresse do esgotamento físico e psíquico.

Na ação litúrgica já participamos do "repouso" prometido por Deus a seu povo (cf. Sl 94). Ela conduz à tranquilidade, ao descanso, ao sossego da comunhão de vida e do amor com Deus e em Deus. Seu desenrolar aos poucos vai aquietando os corações dos que chegam à assembleia celebrante cheios de tensões causadas pela vida agitada, pelas preocupações do dia a dia. Aos poucos, na escuta da Palavra de Deus, o coração se deixa reconciliar, estabelece-se novamente a harmonia com Deus, com o próximo e com toda a criação. Os participantes acolhem a Palavra e a deixam aninhar-se no seu coração. Todos vão se deixando enlevar pelo ritmo dos diversos ritos, que estabelecem o clima de oração, melhor, que constituem oração, relação efetiva e afetiva com Deus por Cristo e em Cristo Jesus.

Por isso, as nossas celebrações devem voltar a ser mais contemplativas dos mistérios de Cristo que se tornam presentes, onde entrará sobretudo a linguagem da escuta atenta, da acolhida, da contemplação, dos ritos em si mesmos, inclusive do silêncio.

A celebração cristã não pode estar repleta de estímulos externos, de estrépito, de barulho, repleta de ruídos. Evitar-se-ão toda surpresa, toda quebra do ritmo do rito, toda interrupção do fluir da relação orante com Deus através de todas as faculdades e todos os sentidos, embalada pelo ritmo do rito. A palavra, o som, o canto e a música constituem apenas um aspecto da participação ativa. É um desastre quando o som da palavra e da música se torna atordoante e ensurdecedor. Isso não leva ao repouso em Deus, mas à maior tensão, ao estresse. As pessoas deixam a celebração mais tensas do que quando chegaram.

Diria que a participação *ativa* é antes uma acolhida *passiva* do dom de Deus, do próprio Deus no coração, deixando-se envolver por Deus, revestir-se de Deus, fazendo sua a glorificação prestada por Jesus Cristo ao Pai. Deus não se agrada com um culto de multiplicação de palavras. Compraz-se com um coração contrito e humilhado.

Toda celebração litúrgica, particularmente a Eucaristia, possui uma dinâmica interna. O início pode ser mais vivo para despertar e motivar a celebração. Aos poucos, porém, a partir da escuta e da contemplação dos mistérios, brota a resposta orante de admiração, de adoração, de louvor, de ação de graças. Comer e beber juntos exige tranquilidade, sossego, satisfação, plenitude. Assim, toda a assembleia flui para o repouso, a comunhão, a linguagem do coração, a linguagem do esposo e da esposa, para o silêncio profundo da satisfação em Deus. Acontece, então, a reconciliação total, o descanso, o repouso em Deus. O coração e a alma se retemperam em Deus, se fortalecem com o dom de Deus. Assim, reconciliadas, as pessoas podem retornar à luta do dia a dia.

A liturgia, celebração da Páscoa

Queremos agora aprofundar o que se celebra, isto é, a páscoa, a Páscoa de Cristo e a páscoa dos cristãos ou a páscoa dos cristãos na Páscoa de Cristo. Temos, portanto, a páscoa-fato e a páscoa vivida no rito.

A páscoa-fato no Antigo Testamento

Para compreendermos o que é a páscoa devemos recorrer à experiência religiosa do povo de Israel no Antigo Testamento. A páscoa é o acontecimento central da história do povo de Israel. Temos uma páscoa-fato, o acontecimento histórico, e uma páscoa-rito, ou a celebração da páscoa através do rito, comemorando a páscoa-fato.

O povo eleito viveu um acontecimento muito importante, ou seja, uma passagem, a páscoa que vem descrita no Livro do Êxodo. Deus passa e o povo passa pela ação de Deus. Essa passagem do povo vai desde a libertação do Egito até a posse da terra prometida, onde corre leite e mel.

O povo passa da escravidão para a liberdade, da morte para a vida, de não povo, a povo da aliança. Essa passagem de Deus e do povo, pela ação de Deus, tem dois pontos altos, que podemos chamar de páscoa da libertação e páscoa da aliança. Deus passa libertando o povo da escravidão do Egito, fazendo-o atravessar o Mar Vermelho, guiando-o pelo deserto, fazendo-o atravessar o Rio Jordão e tomar posse da terra prometida. O outro ponto alto da passagem de Deus é a aliança aos pés do monte Sinai.

A páscoa-rito no Antigo Testamento

Cada ano, cada semana e cada dia, o povo comemora essa passagem libertadora e de aliança e dela participa. Anualmente, pela ceia pascal, cada semana, através da celebração da Palavra nas sinagogas aos sábados, e cada dia, através do louvor vespertino e do louvor matutino, ação de graças pelos benefícios de Deus na história do povo, sobretudo pela páscoa da libertação e a páscoa da aliança.

A páscoa-fato no Novo Testamento: Também no Novo Testamento temos uma páscoa-fato e uma páscoa-rito, a verdadeira Páscoa. A páscoa-fato é Jesus Cristo que, pelo mistério da encarnação, deixou o Pai e veio a este mundo e deixou este mundo voltando para o Pai. O ponto alto dessa passagem é sua morte, ressurreição e ascensão aos céus. Por essa passagem, Cristo realizou a obra da salvação e estabeleceu a nova e eterna aliança. Libertou a humanidade do pecado e da morte e mereceu-nos nova vida. Essa obra da salvação é chamada de mistério pascal.

A páscoa-rito no Novo Testamento

Cristo realizou essa obra da salvação uma vez para sempre. Mas Ele confiou essa obra aos apóstolos e à Igreja para que todos os que nele cressem e o seguissem pudessem participar dessa obra. Uma maneira de tornar a obra da salvação presente e dela participar é a comemoração desse fato pascal salvador e de glorificação de Deus através de ritos, ou das celebrações. São as celebrações da Igreja, sobretudo os sacramentos, tendo como início o Batismo e, como centro, a Eucaristia. É a páscoa-rito, a salvação de Deus por Cristo e em Cristo vivida através dos ritos que chamamos de mistérios do culto.

Nessas comemorações da Páscoa de Cristo realiza-se aquela comunhão de vida no amor entre Deus e a humanidade que chamamos de mistério. Atualiza-se para nós por Cristo e em Cristo a obra da salvação e da glorificação de Deus, os dois movimentos da ação litúrgica.

O símbolo

Aprofundando a compreensão da sagrada liturgia, vamos abordar a questão de sua expressão significativa ou do símbolo. Toda a liturgia se move e se expressa através de uma linguagem simbólica.

O que é o símbolo? Em todo relacionamento humano, o símbolo não é o que em geral se entende por símbolo: algo irreal, fantasioso, mero sinal para significar outra coisa.

A palavra símbolo vem do grego e significa lançar junto, juntar, unir, de duas coisas tornar uma só. Vejamos três exemplos para compreender o que é o símbolo.

Quando os comerciantes gregos realizavam um contrato de troca no mercado, para depois se reconhecerem, tomavam uma varinha e a quebravam em duas partes. Cada um levava consigo uma parte. Quando se reencontravam para fazer a troca do produto combinado uniam os dois pedaços que se encaixavam perfeitamente um no outro. Essa ação de unir duas partes em uma só, é o símbolo. Uma parte contém, oculta, revela e comunica a outra. A ação contém, oculta, revela e comunica, o contrato, a palavra dada.

Outro exemplo: a união conjugal. O homem é símbolo da mulher e a mulher, símbolo do homem. Já não são dois, mas uma só carne. Um contém, oculta, revela e comunica ao mesmo tempo o outro. O símbolo contém o que significa e não aponta simplesmente para outra coisa fora de si mesma. O símbolo é a mesma coisa em outro modo de ser, é a mesma realidade em outra maneira de ser. O símbolo é real.

O exemplo do bolo: Um dia escutei uma conversa entre duas jovens. A conversa foi longa. Resumindo, uma disse à outra: Sabe, a fulana de tal, minha amiga, me convidou para comer um bolo na casa dela. Ela tem aniversário, convidou os amigos, mas eu não vou não. É bobagem, é coisa de co-roa. Além disso, se quiser comer bolo eu vou na confeitaria e como à vontade. A outra, porém, observou: Mas é festa, não é? E a conversa morreu por aí. Para a primeira, bolo é bolo e acabou. Bolo de confeitaria. Expressão da gula, matar a fome, sozinha. Para a outra, bolo não é bolo, mas é festa. E festa é encontro, acolhida, celebração da vida, apreço, expressão da amizade, em suma, é a intercomunhão solidária, o mistério da vida experimentada na partilha do bolo. O bolo, portanto, contém, oculta, revela e comunica, ao mesmo tempo, a festa, é o símbolo da festa.

Assim como o bolo contém, oculta, revela e comunica, ao mesmo tempo, a festa, o símbolo contém, oculta, revela e comunica o mistério. O símbolo é a linguagem do mistério, é a comunicação do mistério e com o mistério, a experiência do mistério.

Podemos definir, portanto, o símbolo de três modos: 1) O símbolo é a mesma realidade em outra forma, em outro modo de ser. 2) O símbolo é algo ou uma ação que contém, oculta, revela e comunica, ao mesmo tempo, o mistério. 3) O símbolo é a linguagem, a comunicação do mistério.

Assim, na liturgia, o símbolo, o rito, composto por um conjunto de símbolos, é a expressão significativa do mistério. Pela ação litúrgica realiza-se a comunhão divino-humana, co-memorando a comunhão divino-humana que se realizou na história pelo mistério da encarnação do Filho de Deus em Jesus Cristo. Em forma sensível, através de ritos simbólicos, participamos da salvação em Cristo Jesus e com Ele, por Ele e nele, a humanidade glorifica a Deus.

O mistério

O grande estudioso da sagrada liturgia Dom Odo Casel definiu a liturgia como sendo o mistério *do culto de Cristo e da Igreja*. O Catecismo da Igreja Católica a apresenta como celebração do mistério pascal. Liturgia tem, pois, a ver com mistério.

Mas como entender o mistério? Para uma correta compreensão do que seja a sagrada liturgia é importante termos uma noção do que seja o mistério. Não se trata do mistério no sentido que em geral se compreende, como algo desconhecido, de secreto, que não pode ser compreendido, mas no sentido que a Bíblia, os Pais da Igreja e a liturgia o entendem. Claro que em qualquer mistério também continua presente o aspecto do oculto.

Mistério vem do verbo grego *myo,* que significa estar fechado, estar cerrado ou cerrar-se, mas sempre alguma coisa que pode ser aberta, que é feita para ser aberta como, por exemplo, a porta, a janela. A palavra mistério conota sempre algo oculto, que pode ser revelado. Tem a ver também com culto, com rito, pois o rito sempre oculta e revela algo ao mesmo tempo em relação à divindade, a Deus, a comunhão com Deus.

O mistério se realiza já no próprio Deus. Deus é mistério não só porque a razão humana não o pode compreender plenamente, mas também porque Deus é intercomunhão de vida e de amor trinitário. Deus é comunhão de vida e de amor.

Na compreensão da liturgia a partir da Sagrada Escritura, sobretudo de São Paulo, *mistério é o plano de Deus de fazer outros fora dele participar de sua vida, do seu amor, de sua felicidade e glória, plano este revelado e realizado em Jesus Cristo e em todos aqueles e aquelas que acolherem em Cristo este plano de Deus.*

Enquanto esse maravilhoso plano de Deus se realiza em Jesus Cristo, ele é chamado mistério de Cristo.

As diversas revelações e realizações desse plano nas ações de Jesus Cristo, como ações salvadoras e de glorificação de Deus, são chamadas mistérios de Cristo. Os mistérios de Cristo são as diversas expressões da passagem, da páscoa de Cristo por este mundo, pelas quais Ele realiza a obra da salvação, como a encarnação, o nascimento, o batismo no Jordão, a pregação, os milagres, a transfiguração, os passos da paixão e morte, a sepultura, a ressurreição e gloriosa ascensão ao céu, o envio do Espírito Santo, na esperança da sua última vinda.

O mistério, para fora de Deus, se realiza onde Deus e o ser humano se encontram, onde Deus e o ser humano convivem, onde Deus e o ser humano se tornam um na comunhão do amor.

O mistério realiza-se também onde as pessoas se encontram no bem, onde os seres humanos praticam o bem um ao outro, doam-se um ao outro no amor. O amor conjugal, por exemplo. São Paulo diz que é grande esse mistério, expressando a relação do amor entre Cristo e a Igreja.

Mas o mistério realiza-se, acontece, sobretudo, através de ritos comemorativos dos mistérios de Cristo, através das diversas celebrações da Igreja, que constituem a sagrada liturgia. Pelo mistério do culto participamos dos mistérios de

Cristo, ou seja, do mistério pascal. Realiza-se, sensível e sacramentalmente, a comunhão divino-humana, a exemplo da comunhão divino-humana em Cristo Jesus. Na liturgia, Deus continua a encarnar-se.

O rito

Vamos considerar a natureza do rito e o sentido do rito na sagrada liturgia, pois toda a liturgia é ritual, ou seja, é expressa e vivida através de ritos.

O rito é, por natureza, uma ação previamente ordenada e fixada, a ser repetida. A fixidez e a repetição são próprias da natureza do rito. O ser humano é um ser ritual, por ser mistério, que ultrapassa sua corporeidade. Por ser mistério é, por isso mesmo, simbólico em sua manifestação. Para penetrar no seu mistério ele usa de sinais sensíveis e significativos, uma linguagem simbólica, para expressar a realidade profunda que ultrapassa sua corporeidade. Pelo fato de ser simbólico é também um ser ritual.

Por isso, se não segue o rito em suas ações ele se perde. O profissional, por exemplo, segue sempre um rito em suas ações, como o médico na ação cirúrgica, o piloto de avião e assim por diante. Se todos os profissionais seguissem à risca os ritos de sua profissão se evitariam muitas falhas, inclusive acidentes aéreos. O rito leva o ser humano a realizar as coisas uma depois da outra.

Jesus Cristo quis que a obra da salvação se atualizasse nos seus seguidores através de ritos que denominamos celebrações dos mistérios de Cristo. Assim, na ação da Igreja, os diversos ritos comemoram e tornam presente a obra da salvação e da glorificação de Deus por Cristo e em Cristo.

O rito na liturgia tem várias compreensões. O rito pode significar qualquer ação simbólica de uma celebração, como o sinal da cruz, a genuflexão, o derramar água e assim por diante. O rito pode compreender um conjunto de ações ou palavras como, por exemplo, o rito de entrada. Pode significar uma parte mais ampla de uma celebração como o rito de abertura ou de encerramento de uma celebração, a liturgia da Palavra, a liturgia eucarística. Pode ainda significar toda uma celebração. Por exemplo, o rito do Batismo, o rito da celebração eucarística, o rito do Matrimônio. Por fim, pode expressar o conjunto de ritos de uma Igreja ou de um conjunto de Igrejas de certas partes do mundo. Temos então as Igrejas de rito ocidental e as Igrejas de rito oriental, subdivididos em várias famílias.

Importa descobrirmos o sentido dos diversos ritos nas celebrações como linguagem simbólica dos mistérios celebrados. Eles constituem a linguagem do mistério. São sinais sensíveis e significativos dos mistérios celebrados. Tornam-se verdadeira oração, comunhão com Deus.

A mera execução de ritos leva ao ritualismo estéril, condenado com veemência por Cristo, ou conduzirá à magia, como se o rito tivesse eficácia por si mesmo. Importa, pois, viver o que os ritos significam. Eles recebem sua força das palavras de Cristo: "Fazei isto em memória de mim".

Toda a liturgia da Igreja é ritual porque simbólica memorial. Esse é o modo que Cristo deixou para viver o seu mistério. Devemos, pois, esforçar-nos por entrar no ritmo do rito. Ele deve ser conhecido por todos os que participam de uma celebração. Devemos deixar-nos cativar e acolher pelo rito. O rito por sua natureza não admite cortes bruscos,

• 37 •

surpresas, interrupções ou improvisação. Todos os sentidos participam da vivência do rito: a vista, o ouvido, o olfato, o paladar, a palavra, o silêncio, o tato, a ação, o movimento. Devemos deixar-nos envolver pelo rito para que se transforme em oração, em comunhão com Deus. A maior criatividade consiste em deixar-nos acolher e recriar sempre de novo pelo rito da celebração do mistério.

Comer a ceia do Senhor

Duas vezes ocorre a expressão "comer a ceia do Senhor" no documento conciliar sobre a sagrada liturgia, a Constituição *Sacrosanctum Concilium*. A primeira vez é no n. 6, ao dizer que a obra de Cristo continua na Igreja e se coroa em sua liturgia: "Da mesma forma, toda vez que comem a ceia do Senhor, anunciam-lhe a morte até que venha". A segunda encontra-se no n. 10 que trata da liturgia como cume para o qual tende a ação da Igreja e fonte donde emana toda a sua força: "Pois os trabalhos apostólicos se ordenam a isso: que todos, feitos pela fé e pelo Batismo filhos de Deus, juntos se reúnam, louvem a Deus no meio da Igreja, participem do sacrifício e comam a ceia do Senhor".

A missa como memorial do mistério pascal realiza-se em forma de ceia, chamada também "banquete pascal, em que Cristo nos é comunicado em alimento, o espírito é repleto de graça e nos é dado o penhor da futura glória" (cf. SC 47).

A ceia se realiza em torno da mesa, com comida e bebida preparadas para a ocasião como Jesus fez com os discípulos na última ceia. No rito da missa, temos o momento da preparação da mesa do Senhor e a participação da mesa do Senhor, onde o próprio Cristo é alimento e bebida, seu corpo e sangue. A missa somente será plena quando os fiéis comem e bebem a ceia do Senhor, quando comem o corpo do Senhor e bebem do seu sangue, do pão e do vinho eucaristizados na mesma missa celebrada.

Como está sendo difícil compreender e pôr em prática a recomendação de que os fiéis comunguem de hóstias consagradas na missa e não da sagrada reserva!

Introduziram-se práticas que contrariam essa recomendação. Acontece que em missas de dia de semana, por exemplo, de quarta ou quinta-feira, o padre já consagrara vários cibórios cheios que então são guardados no tabernáculo para a comunhão das missas de domingo. Chega o domingo, coloca-se uma só hóstia grande a ser consagrada na patena e lá vai a turma de ministros extraordinários da comunhão eucarística buscar os cibórios e levá-los até ao altar, atrapalhando, muitas vezes, o rito da paz e da fração do pão.

Nada disso deveria acontecer. A *Instrução Geral* do missal diz que os ministros extraordinários não se aproximem do altar antes que o sacerdote tiver comungado (cf. n. 162). Isso tem sua lógica, pois, se o pão foi consagrado em âmbulas na missa, não há razão para buscar da sagrada reserva no tabernáculo.

A respeito das hóstias consagradas na mesma missa diz a *Instrução*:

> É muito recomendável que os fiéis, como também o próprio sacerdote deve fazer, recebam o corpo do Senhor em hóstias consagradas na mesma missa e participem do cálice nos casos previstos [cf. IGMR 283], para que, também através dos sinais, a comunhão se manifeste mais claramente como participação no sacrifício celebrado atualmente (IGMR 85).

Vejam ainda o que se diz sobre a forma do pão:

> A verdade do sinal exige que a matéria da celebração eucarística pareça realmente um alimento. Convém, portanto, que, embora ázimo e com a forma tradicional, seja o pão eucarístico de tal modo preparado que o sacerdote, na missa com povo, possa de fato partir a hóstia

• 40 •

em diversas partes e distribuí-las ao menos a alguns dos fiéis (IGMR 321).

Por isso, a necessidade de uma patena maior do que a tradicional: "para consagrar as hóstias é conveniente usar uma patena de maior dimensão, onde se coloca tanto o pão para o sacerdote e o diácono, bem como para os demais ministros e fiéis" (IGMR 331). Vemos que a patena tradicional caiu praticamente em desuso.

Quanta coisa a ser melhorada na missa como ceia do Senhor!

O que é participação ativa na liturgia

Participar significa tomar parte, possuir parte de algo. Ter parte na liturgia significa, então, participar da obra da salvação e da glorificação de Deus por Cristo, com Cristo e em Cristo. É mergulhar na comunhão divino-humana do mistério atualizado na liturgia.

Depois do Concílio Vaticano II se fala muito de participação ativa na liturgia. Esse enfoque perpassa toda Constituição *Sacrosanctum Concilium*. Infelizmente, essa participação ativa ainda não está sendo bem compreendida nem pelos bispos e padres nem pelos fiéis em geral.

O objetivo da participação, conforme o Vaticano II, é que seja frutuosa ou eficaz. Ela consiste em viver os mistérios celebrados na liturgia e na vida. Então, para que a liturgia seja eficaz ou frutuosa, produza frutos de conversão, de graça, de vida em Cristo, ela deverá ser consciente, ativa e plena. O que significa isso?

Participação consciente

Saber o que se celebra, ou seja, que se celebra Jesus Cristo, a obra da salvação. Trata-se aqui não só da missa, mas de toda a liturgia, os sacramentos e outras celebrações como o ano litúrgico, a liturgia das horas, as Exéquias, as celebrações de bênçãos. Não se pode celebrar o que não se conhece. Promover esse conhecimento é função da catequese, da iniciação à vida cristã e da formação permanente. Só conhecendo, seguindo e amando Jesus Cristo, só quando Jesus Cristo é assumido como Senhor e Salvador é que podemos celebrar. Importa, pois, descobrir que é Jesus Cristo em nossa vida e deixar-se fascinar por ele. Isso não se alcança por decretos ou por imposição de obrigações.

Participação plena

Aqui devemos distinguir dois aspectos. A participação é plena quando participamos da celebração completa. Por exemplo, a Eucaristia: Ela é oferta de ação de graças, fazendo memória da obra da salvação em forma de ceia. Então, é preciso compreender o que seja ação de graças e, sendo ceia do Senhor, é lógico que se participe da Sagrada comunhão, que se coma a ceia do Senhor. O outro sentido de participação plena significa que a participação será de corpo inteiro, com todas as faculdades e sentidos.

Participação ativa

A expressão *participação ativa*, muito presente no documento do Concílio sobre a liturgia, não foi bem compreendida. Ativo foi restringido ao oral, à participação pela palavra. Assim, quanto mais se rezava e cantava juntos com a participação de toda a assembleia celebrante, se julgava que a participação era ativa. Esqueceu-se que as pessoas podem participar ativamente através de todas as suas faculdades, a inteligência, a vontade e o sentimento e através de todos os sentidos. Participa-se ativamente através do ouvido, da vista, do olfato, do paladar e do tato. E mesmo através do silêncio que também constitui uma linguagem eloquente. Em outras palavras, as pessoas vivem a sagrada liturgia de corpo inteiro.

Cada forma de participação merecia um comentário. Aqui, apenas uma breve indicação. Temos a participação visual acompanhando, por exemplo, a procissão dos dons, acompanhando os gestos e ações do presidente da assembleia. Na participação auditiva há espaço para o canto a mais vozes, para a escuta da Palavra de Deus em silêncio, o acompanhamento das orações presidenciais, fazendo-as suas. O olfato: o lugar do incenso, dos perfumes. O paladar: comer, beber, degustar. O tato: o abraço, o ósculo, dar as mãos, coroar, ungir, impor as mãos, ser mergulhado na água.

Participação ativa inclui tudo isso. Trata-se de dar sentido aos ritos, de viver os ritos com todo o nosso ser e agir, de corpo inteiro. Rezamos, entrando em comunhão com Deus, através de todos os sentidos. Então, a participação se tornará plena e frutuosa.

Da casa da Igreja para a igreja casa

Nos primeiros séculos do cristianismo as comunidades de fé se reuniam pelas casas. Muitas vezes eram nobres ou pessoas abastadas que colocavam suas casas a serviço da comunidade de fé. Essas comunidades cristãs eram chamadas de Igreja, isto é, *ecclésia* ou *ecclesía*. O lugar, onde os fiéis se reuniam, era chamado *domus ecclesiae*, isto é, a casa da Igreja, comunidade convocada por Deus. Lá eles se reuniam para a oração e, sobretudo, para a fração do pão, ou seja, para a celebração da Eucaristia. Mais tarde, a casa onde os cristãos se reuniam começou a ser chamada de igreja.

A igreja-edifício tem suas origens na compreensão do templo. Templo é a morada de Deus entre os homens. Era o espaço separado do profano, reservada para a divindade. Esse conceito também se encontra na prática religiosa do povo de Israel. O Templo de Jerusalém era a morada de Deus no meio do seu povo. Por isso, um santuário.

Muito cedo os cristãos rejeitaram o culto a Deus no Templo. Compreenderam que o verdadeiro templo de Deus era Jesus Cristo. No mistério da encarnação, Deus armou a sua tenda entre os homens. Jesus mesmo ensina que o verdadeiro templo é o seu corpo: "Podeis destruir este templo e em três dias o hei de reconstruir". Os discípulos compreenderam que Ele falava do seu corpo, que dentro de três dias haveria de ressuscitar (cf. Jo 2,19-22).

Também o cristão como morada de Deus, morada do Espírito Santo, constitui um santuário, templo ou morada de Deus. São Paulo afirma:

> Não sabeis que sois templo de Deus, e que o Espírito de Deus habita em vós? Se alguém destrói o templo de Deus, Deus o destruirá. Porque o templo de Deus é santo, e esse templo sois vós (1Cor 3,16-17).

O corpo místico de Cristo, a Igreja, é o verdadeiro templo de Deus. São Paulo diz ainda: Vós sois o edifício de Deus, a construção de Deus (cf. 1Cor, 3,9). São Pedro tem uma afirmação semelhante: "E vós também, como pedras vivas, tornai-vos um edifício espiritual e um sacerdócio santo, para oferecerdes sacrifícios espirituais, aceitos por Deus através de Jesus Cristo" (1Pd 2,5). Cada cristão e a comunidade cristã como um todo são, pois, templo de Deus, casa de Deus.

A partir de Jesus Cristo, a igreja como edifício é o lugar do encontro da Igreja, construção formada pelos membros do corpo de Cristo. Os elementos arquitetônicos da igreja-edifício hão de constituir um conjunto harmonioso, assim como os diferentes membros da Igreja formam o único corpo de Cristo. No espaço celebrativo da Igreja tudo deve falar do corpo da Igreja, do sagrado, do santo. Todo o espaço da igreja, sua forma, sua organização, sua decoração e ornamentação, tudo ajuda a celebrar. A beleza do conjunto é linguagem dos mistérios celebrados, tendo no centro o mistério pascal. O espaço é sagrado porque revela e é linguagem comemorativa da obra da salvação em Cristo Jesus. Tudo deve ser belo e asseado e exalar agradável perfume.

O altar, que "é Cristo", será o centro de todo o espaço sagrado. A mesa da Palavra será artística. A cadeira do presidente será centro de unidade de toda a assembleia, em torno do Cristo sacerdote no altar e no ambão. A cruz junto ao altar, de preferência a cruz processional, recorda aos fiéis que na liturgia a Igreja celebra sempre o mistério da salvação da cruz e ressurreição do Senhor.

Nada de sobreposição de elementos, de imagens multiplicadas; nada de cartazes obscurecendo a arquitetura do espaço, o altar, o ambão, as paredes frontais ou laterais da igreja. Tudo, formando um harmonioso conjunto. Então também o espaço sagrado fará parte do rito celebrativo, será símbolo do mistério pascal celebrado na liturgia.

Sacerdote

Pela unção na cabeça logo após o Batismo, o cristão é ungido rei, sacerdote e profeta, dignidade que ele adquiriu no próprio Batismo. Gostaria de refletir com os leitores sobre a natureza e a dignidade do sacerdócio. O que é mesmo ser sacerdote.

Sacerdócio e sacerdote têm praticamente o mesmo sentido. Sacerdote, do latim, vem de *sacer* e *dos*. *Sacer* significa sagrado, divino. *Dos* significa dom, ou dote.

Termo comum de dois, sacerdote, no fundo, significa: dom sagrado, dom divino, dom de Deus. Criado à imagem e semelhança de Deus, o homem é sacerdote, chamado a reconhecer a sua vida como dom de Deus e transformar sua vida em um dom ou oferta a Deus.

O sacerdote é chamado a "sacrificar", termo que também deve ser bem entendido. Sacrificar é tornar sagrado, santo, tornar divino ou fazer coisa divina. Assim, o ser humano pela própria criação é chamado a sacrificar, orientando e oferecendo a Deus a própria vida.

Por causa da ruptura com Deus pelo pecado da desobediência, o ser humano não mais quis reconhecer a vida como dom de Deus e orientá-la totalmente a Ele. Quis, sim, apropriar-se dela como propriedade sua. Símbolo disso é o comer da fruta proibida para ser como Deus.

Mas Deus é misericordioso. Já no Antigo Testamento escolheu um povo como "um reino de sacerdotes" (cf. Ex 19,6). Pelo fato de o povo ser infiel a essa sua vocação de reis e sacerdotes, Deus escolhe homens para ajudar o povo a viver como sacerdotes. Estes oferecem a Deus os "sacrifícios" em nome do povo, tornando-se mediadores entre Deus e o seu povo. Daí vão surgindo, como entre quase todos os povos primitivos, os "sacrifícios", as ofertas a Deus, significando a oferta da própria vida. Ora, é aceitando ser mortal que o ser humano melhor pode reconhecer que a vida vem de Deus, é dom de Deus e não propriedade sua. Por isso, mata animais e os oferece a Deus. A morte é a maior experiência da condição de criatura do ser humano. Vem daí a prática da imolação da vítima, a morte ligada ao sacrifício. Os profetas e os salmos ensinam, porém, que o mais perfeito sacrifício a Deus é o sacrifício de louvor, o sacrifício de ação de graças. É oferecer a Deus um coração contrito e humilhado.

Ora, Jesus foi o grande mediador entre Deus e a humanidade. Foi exemplo de sacerdote para a humanidade em sua vida mortal, aprendendo a obediência entre preces, súplicas e sofrimentos (cf. Hb 5,7-10). Pela obediência Ele reconheceu que sua humanidade era dom de Deus. Expressou essa obediência amorosa ao Pai por sua morte, a grande oferta, a grande oblação de sua vida ao Pai: "Em tuas mãos entrego o meu espírito" (Lc 23,46).

Cristo assumiu em si toda a humanidade. Por Ele, a humanidade pode tornar-se de novo uma oblação, um sacrifício agradável a Deus. Jesus Cristo é, assim, o sumo sacerdote, o único verdadeiro sacerdote, mas Ele partilha o seu sacerdócio, concedendo que, pelo seu Espírito, todos os que nele creem e esperam possam viver sua vocação sacerdotal: acolher a vida como dom de Deus e orientá-la, oferecê-la totalmente a Ele. Pedro afirma:

> Vós sois a geração escolhida, sacerdócio régio, nação santa, povo que Ele conquistou para proclamar os grandes feitos daquele que vos chamou das trevas para a sua luz admirável (1Pd 2,9).

O sacerdócio dos cristãos, sobretudo o sacerdócio universal do Batismo, é participação no sacerdócio de Cristo. Jesus, por sua vez, escolheu pessoas que, na força do Espírito Santo, exercem o sacerdócio ministerial. Ministerial porque a serviço de todo um povo sacerdotal. Nos primeiros séculos os cristãos evitavam o uso do termo sacerdote para expressar o novo sacerdotal em Cristo Jesus. Os ministros ordenados, vistos na tríplice função messiânica de Cristo, profeta, sacerdote e rei, eram chamados bispos e presbíteros. No rito da ordenação, ainda hoje, o padre não é chamado de sacerdote, mas de presbítero. Os ministros ordenados são, em Cristo, os grandes mediadores entre Deus e os homens. Por isso, demos graças a Deus!

Sacrifício: o que significa?

A Igreja ensina que a missa é um sacrifício de ação de graças, mas o que é sacrifício?

A palavra sacrifício é muito mal-entendida ou, então, entendida em sentido muito negativo pela maioria dos cristãos. Para a gente em geral, sacrifício é algo que custa, é renúncia de alguma coisa, algo difícil de fazer. Ou então, parece que exige imolação. Acaba sendo sinônimo de morte, como na expressão "sacrificar um animal". Sacrificar, então, significa matar.

A palavra sacrifício, no entanto, tem um sentido muito mais amplo e positivo. A palavra sacrifício vem do latim e é composta de duas palavras: *sacer* e *facere*. *Sacer* significa sagrado, divino, e *facere* significa fazer. Sacrifício significa, pois, o que é feito sagrado, divino. E sacrificar significa tornar sagrado, fazer algo divino, tornar algo divino. Orientar algo para Deus.

Quem sacrifica é sacerdote. Sacerdote também tem a ver com sagrado. Sacerdote vem de *sacer* (sagrado, divino) e *dos* (dote, dom). Sacerdote é, então, dom sagrado, dom divino. Assim, pela própria criação à imagem e semelhança de Deus, o ser humano é sacerdote: um dom que vem de Deus, que ele recebe de Deus e um dom para Deus. Essa é a sua vocação.

O Antigo Testamento e, sobretudo, os salmos dizem que Deus deseja um sacrifício de ação de graças, um coração contrito e humilhado. Esse é o verdadeiro sacrifício espiritual. Deseja que o ser humano acolha a vida como dom de Deus e a ofereça como uma doação a Deus. Diz o salmista que o sacrifício mais agradável a Deus, o mais sublime, é o sacrifício de louvor. Sim, o louvor é sacrifício, pois nele reconhecemos que tudo é de Deus e tudo vem de Deus.

Por que, então, a palavra sacrifício acabou incluindo a conotação de renúncia, de imolação e até de morte? Porque a expressão mais radical da entrega da vida a Deus é reconhecer que ela é mortal. Pelo fato de o ser humano sempre tentar possuir a vida não como dom, mas como um direito e querer apropriar-se dela a exemplo dos primeiros pais, ele deixa de ser sacerdote, frustra sua vocação divina e cai na morte.

Ora, Jesus Cristo, por seu exemplo, veio convencer a humanidade de sua condição de criatura mortal. Ele a viveu de maneira plena e total como dom do Pai e entregou, ofereceu a sua vida ao Pai na obediência e no amor. Jesus consagrou a sua vida, lançando-a em Deus, reconhecendo que era dom de Deus, entregando-a nas mãos do Pai: Em vossas mãos entrego o meu espírito, minha vida, minha sorte, meu destino. A linguagem do sacrifício de Cristo foi a paixão e a morte, mas o dom, a oferta a Deus foi a entrega de sua vida na obediência e no amor.

Por isso, a Eucaristia é a atualização dessa entrega de Cristo ao Pai na ação de graças da Igreja pela sua entrega total. Por isso, a missa é um sacrifício de ação de graças.

Por ele e nele, os cristãos que reconhecem a vida como dom de Deus no sacramento do Batismo, onde se tornaram sacerdotes, podem viver o seu sacerdócio, no sacerdócio de Cristo. Deixam-se divinizar, morrendo e ressuscitando com Cristo, acolhendo a própria vida como dom de Deus e oferecendo-a com Cristo e em Cristo ao Pai.

Esse aspecto da divinização realiza-se também na comunhão eucarística. Nela reconhecemos que Cristo nos arrebata para dentro de si, que Ele nos diviniza e que nós colocamos a nossa sorte, toda a nossa vida nele. Jesus Cristo nos diviniza, Jesus Cristo nos sacrifica.

No sacramento da Eucaristia isso acontece através do ministério do sacerdote ordenado.

Assim, toda a nossa vida, nosso ser e agir tornam-se um sacrifício espiritual, um sacrifício de louvor a Deus, um sacrifício de ação de graças.

A páscoa da Igreja ou vigília pascal

O que significa "vigília pascal"? Não a viveremos sem compreender o que significa "páscoa".

Literalmente páscoa significa passagem. No sentido humano significa passagem de uma situação para outra melhor. Quando pensamos no sentido religioso, páscoa é compreendida como a passagem de uma situação para outra melhor por ação de Deus. Exemplo clássico é a passagem do povo de Israel pelo Mar Vermelho.

A verdadeira Páscoa é a passagem do Filho de Deus por este mundo como Salvador e sua volta para junto do Pai, sintetizada em sua morte e ressurreição.

Como a sociedade contemporânea, caracterizada pelo consumismo e o hedonismo, compreende a Páscoa? Páscoa consiste em um comércio bem-sucedido da venda de chocolate, do pescado? É emprego temporário para muita gente? Um mero feriadão de lazer, explorado pelo turismo, mesmo religioso? A sociedade atual praticamente perdeu o sentido religioso da Páscoa, porque perdeu a fé em Cristo Jesus.

Toda espiritualidade cristã está centrada na Páscoa de Cristo. O Vaticano II ensina:

> A Santa Mãe Igreja julga seu dever celebrar em certos dias no decurso do ano, com piedosa recordação, a obra salvífica de seu divino Esposo. Em cada semana, no dia

que ela chamou domingo, comemora a ressurreição do Senhor, celebrando-a uma vez também, na solenidade máxima da Páscoa, juntamente com sua sagrada paixão (SC 102).

Comemorando a Páscoa de Cristo, a Igreja participa da sua obra salvadora. Essa obra de salvação é chamada "Mistério pascal", porque "morrendo, Jesus Cristo destruiu a nossa morte e ressuscitando, recuperou a nossa vida (cf. SC 5).

Uma vez por ano, a Igreja celebra solenemente a Páscoa de Cristo, sua morte e ressurreição, e a páscoa dos cristãos que pelo Batismo morreram para o pecado e o egoísmo e vivem uma vida nova em Cristo ressuscitado.

Essa celebração anual da Páscoa centraliza-se na vigília pascal na noite do Sábado Santo para o Domingo da Ressurreição. O Domingo da Ressurreição é como que uma ressonância da vigília. A vigília constitui a grande celebração cristã da Páscoa, da passagem de Jesus e da passagem dos cristãos da morte para a vida.

A partir do século IV a festa anual da Páscoa desdobrou-se no tríduo sacro da paixão-morte, quinta-feira à tarde até sexta-feira à tarde, da sepultura, da tarde de sexta-feira até à tarde de sábado e da ressurreição, de sábado à tarde até o domingo à tarde. Desde então temos também a preparação para essa festa anual da Páscoa, a quaresma, e sua extensão durante 50 dias de Páscoa, o Pentecostes.

A vigília se compõe da liturgia da Palavra mais longa, comemorando a obra da criação e da nova criação em Cristo Jesus, e da liturgia sacramental dos três sacramentos da iniciação cristã: Batismo, Crisma e Eucaristia.

A liturgia da vigília pascal é de uma beleza e de uma riqueza extraordinárias. Quem a descobre há de voltar no ano seguinte e trará consigo outros fiéis. Os cristãos não param na

Sexta-feira Santa, na morte do Senhor, na sepultura. Acompanham-no até à ressurreição. Viverão como ressuscitados em Cristo, como discípulos e missionários, através da espiritualidade pascal, uma espiritualidade de atos de amor, na ação da caridade.

Advento, caminhada para o Natal do Senhor

Advento significa vinda, chegada! Advento é tempo de preparação para a vinda do Senhor, bem como a própria vinda na celebração, pela mudança de vida, a prática da justiça e da caridade.

Natal significa nascimento, nascimento de Jesus Cristo. É vinda de Jesus Cristo, vinda celebrada e atualizada na celebração do seu Natal. O nascimento de Jesus Cristo é o centro das festividades do Natal.

As celebrações do ciclo do Natal referem-se à vinda de Deus para morar entre os seres humanos. No centro de tudo está o Menino Deus envolto em faixas, e não o Papai Noel com seus presentes nem a ceia de Natal. Esse seria o natal do comércio alimentado pelo consumo.

Natal é a festa da vida que nasce, a festa do maior presente que Deus concedeu à humanidade, seu Filho, Jesus Cristo. Na vida que nasce a humanidade celebra o dom da vida de todos. A alegria pelo dom da vida se expressa bem através dos presentes e da ceia de Natal. Contudo, a melhor maneira de celebrar o Natal do Senhor consiste em participar da ceia do Senhor, a Eucaristia.

As festas do ciclo do Natal compreendem todas as festas da manifestação do Senhor neste mundo: seu nascimento em

Belém; seu nascimento de Maria; seu nascimento em uma Família, a Sagrada Família; sua manifestação aos povos, simbolizados pelos magos do Oriente e sua manifestação como Filho de Deus no batismo do Jordão.

A comemoração dessa vinda do Senhor vem precedida de um tempo de preparação, o tempo do advento.

No tempo do advento e do Natal estão presentes as três vindas do Senhor: a vinda na carne, a vinda hoje no mistério e a vinda última gloriosa. Comemorando sua vinda no passado, Ele vem agora no presente e essa vinda no presente é um passo à frente ao encontro de sua vinda na glória.

Como a chegada do filho é aguardada pela mãe com expectativa e cuidadosa preparação, o advento é este tempo de alegre expectativa e de preparação para receber o Filho de Deus. Como ele veio, ele virá nas festas do seu nascimento e de sua manifestação.

Nessa caminhada, somos conduzidos por três guias. Isaías, durante todo o tempo. Ele veio preparar a humanidade para a chegada do Messias. No segundo domingo do advento, entra em cena João Batista, pedindo mudança de vida, a prática da justiça e da caridade. Ele prepara o Povo de Deus para acolher o Messias Salvador. No quarto domingo do advento, Maria, a mulher grávida de Deus, nos toma pela mão para, com ela, preparar o presépio vivo dos nossos corações, onde ela deseja colocar o seu Filho que vai nascer.

Participação da liturgia

O que significa participação da liturgia? Participar, como sabemos, é tomar parte. Participar da liturgia significa tomar parte, ter parte da obra de Deus da salvação.

O Concílio Vaticano II, no documento sobre a sagrada liturgia, chamado *Sacrosanctum Concilium*, diz que o Povo de Deus, todo ele povo sacerdotal, real e profético tem o dever e o direito de participar de maneira consciente, ativa e plena da sagrada liturgia.

O objetivo dessa participação é a participação eficaz ou frutuosa. Essa participação frutuosa ou eficaz consiste na realização da comunicação com Deus, na vivência do mistério celebrado.

Então, para que possa haver participação frutuosa é necessário, em primeiro lugar, que ela seja consciente. O povo, os fiéis saibam o que celebram. Isso é função da catequese, da formação cristã e da iniciação à vida litúrgica.

Depois, essa participação deverá ser ativa. A assembleia e cada membro da assembleia participa ativamente não só falando e cantando. Participação ativa não é apenas participação oral ou através da palavra, mas através de todas as faculdades e sentidos. A participação pode ser também através da escuta, ouvindo a palavra de Deus ou acompanhando, em silêncio, as orações. Entra-se em comunhão com o mistério celebrando através da vista, contemplando os gestos, os movimentos, os objetos e o próprio espaço de celebração. Reza-se também pelo olfato e pelo paladar. Acolhe-se o mistério no silêncio profundo da mente e do coração.

Claro que o meio ou a linguagem mais usada na liturgia é a palavra, seja ela a Palavra de Deus ou a palavra da Igreja. A palavra da Igreja se dá através das orações, dos diálogos, das aclamações, das fórmulas sacramentais, das bênçãos, das ladainhas, das preces. Os textos podem ser recitados, proclamados ou cantados.

Importa, porém, cantar os *textos litúrgicos*, pelos quais se comemoram os mistérios celebrados e não qualquer coisa em qualquer lugar. O grupo de cantores faz parte da assembleia, toda ela celebrante. Ele ajuda toda a assembleia a cantar. Canta com a assembleia e não para a assembleia.

Sendo a participação ativa tão ampla, é totalmente contra o espírito da liturgia transformar a assembleia celebrante em plateia de *show* ou de espetáculo.

Convém que na liturgia da missa, sobretudo nos domingos e festas solenes, haja canto, mas é preciso cantar *a* missa e não *na* missa. Pode-se cantar maior ou menor número de textos.

Pode, pois, haver três níveis ou graus de missa com canto.

O primeiro nível de missa cantada é o diálogo cantado entre o sacerdote presidente ou os ministros e a assembleia. O segundo grau ou nível de missa cantada é o primeiro, mais as partes que são cantadas por todos, chamadas partes comuns da missa, como o *Senhor*, o *Glória*, o *Creio*, o *Santo* e o *Cordeiro de Deus*. Só depois vem o terceiro grau de missa cantada: o primeiro, o segundo e as partes próprias de cada missa, dos domingos e dos tempos litúrgicos, como o canto da entrada, das oferendas e da comunhão.

Muita coisa terá de ser feita ainda para que isso aconteça e haja uma participação consciente, ativa e plena da sagrada liturgia, para que haja uma participação frutuosa ou eficaz. Eis a função da catequese, de toda a pastoral litúrgica, incluindo a formação musical dos seminaristas, dos sacerdotes e de todo o povo fiel.

Comunicação litúrgica

Para se compreender o que é a comunicação litúrgica importa penetrar na noção de comunicação. O que é comunicação? Não é mera informação ou simples relação com alguém. Comunicação, como a comunhão, não vem de *comum união*, mas de comum múnus, de múnus comum. Múnus significa função, ofício, tarefa. Comunhão não é mera união ou justaposição, mas é intercomunhão solidária, recíproca. Duas realidades, duas pessoas tornam-se um só. É dois em um ou um em dois, sem que cada um perca a sua identidade.

Na liturgia, é Deus que se comunica ao ser humano e o ser humano entra em comunhão com Deus. A maior comunicação entre Deus e o ser humano se deu em Cristo Jesus, no mistério da encarnação.

Na ação litúrgica, por Cristo e em Cristo, Deus continua a entrar em comunhão com o ser humano, continua a encarnar-se no mundo e nos seres humanos.

Essa comunicação divina com o ser humano realiza-se na liturgia através de sinais sensíveis e significativos da comunicação de Deus com a humanidade em Cristo Jesus, quando a Igreja celebra a comunicação de Deus realizada na história por Cristo e em Cristo. Comunicação litúrgica é entrar em comunhão com o mistério, é entrar em comunhão com Deus.

Outra coisa é a arte da comunicação na liturgia. Ela certamente é importante, mas não deve ser confundida com a comunicação litúrgica.

A arte da comunicação torna os sinais sensíveis da comunicação de Deus mais significativos. Cada rito bem executado e vivido no seu sentido torna-se comunicação com Deus, torna-se oração, experiência de comunhão com Deus.

Participar é tomar parte. Tomar parte de quê? Da vida de Deus; é compor o mistério. A participação da liturgia consiste em entrar em comunhão com o mistério, tomar parte da vida de Deus. Cristo em nós se torna esperança da glória, da comunhão eterna com Deus.

Essa participação não se dá só através da palavra, do canto. Dá-se através de todas as faculdades e sentidos do ser humano. Dá-se através do ouvido, da vista, do olfato, do paladar, do tato, dos gestos, das ações, das posturas do corpo, dos movimentos, da arte da cor, da arte do som e do silêncio.

A linguagem da liturgia engloba o ser humano em sua totalidade. Ele reza, ele se comunica com Deus em sua totalidade, ou seja, de alma e corpo. Deus, por sua vez, atinge o ser humano no seu todo. A liturgia é antes de tudo obra de Deus que santifica o ser humano, o assume em si mesmo e o leva a glorificá-lo, na glorificação do Pai realizada por Cristo Jesus.

Comunicação litúrgica é antes de tudo deixar que Deus entre em comunhão com a gente, deixar que Deus nos envolva em sua vida e no seu amor. Comunicação litúrgica é deixar-se possuir por Deus, deixar-se divinizar. O ativo concentra-se sobretudo na atitude receptiva de acolhimento do dom de Deus. Por isso não há necessidade de violência, como se acordássemos Deus e fizéssemos Deus agir através das muitas palavras. A linguagem do silêncio é, muitas vezes, bem mais ativa do que muito som.

A linguagem corporal na liturgia

A sagrada liturgia é ação da Igreja, fazendo memória da ação ou da obra da salvação realizada por Cristo. Deus tomou corpo em seu Filho e deseja que a humanidade toda se torne corpo de Deus. A Festa do Santíssimo Corpo e Sangue de Cristo é chamada também "Corpo de Deus". Em Cristo, Deus assumiu corpo humano. E é através do corpo que o ser humano pode comunicar-se com Deus, com o próximo e com todo o criado.

Esse fato nos leva a refletir sobre a corporeidade na liturgia. Como já vimos em um artigo anterior, na liturgia o ser humano age e se comunica através de suas faculdades, a inteligência, a vontade e o sentimento, e por todos os seus sentidos, isto é, o ouvido, a vista, o olfato, o paladar e o tato. O ser humano age e se comunica de corpo inteiro.

O ouvido

Talvez seja o sentido mais fundamental. A fé vem pelo ouvido. Através do ouvido tomamos conhecimento dos mistérios que são celebrados. Pomo-nos à escuta, abrimo-nos para o plano de Deus da criação e da salvação. Ouvir tem a ver com obedecer. Ouvir é obedecer. Ouvindo a Palavra de Deus na liturgia, obedecemos, damos uma resposta positiva a Deus. Pensemos na missa. Somos todo-ouvidos: o diálogo com o sacerdote, a escuta da Palavra de Deus, fazendo nossas as orações proferidas pelo sacerdote, ouvindo. Ouvimos o canto com sua mensagem, sobretudo um canto a mais vozes. Rezamos pelo ouvido.

A vista

Somos chamados a contemplar a face de Deus. Na liturgia acompanhamos o drama sagrado que se desdobra diante de nós. Temos a arte da cor. A pintura, a escultura, a arquitetura, o espaço sagrado. Acompanhamos as ações do sacerdote, seus gestos, suas ações, suas posturas corporais. Pela vista acompanhamos as ações dos ministros, os movimentos das procissões de entrada, do Evangeliário, da apresentação dos dons, da comunhão. Rezamos, entramos em comunhão com Deus através da vista.

O olfato

Demos como exemplo o incenso que não foi abolido. Pensemos também no óleo perfumado do Crisma. O espaço celebrativo deveria transmitir um suave odor. Que possamos ser como Maria Madalena, que perfumou os pés de Cristo com precioso perfume. Somos chamados a perfumar o corpo de Cristo através dos gestos de amor. E que nossa oração seja como incenso perfumado que se eleva a Deus. Rezamos até pelo nariz.

O paladar

Sentido menos presente, mas encontra-se no coração da liturgia, na Eucaristia. O Concílio manda os cristãos comerem a ceia do Senhor, degustar Deus. Diz São Francisco nos *Louvores ao Deus altíssimo*: "Vós sois toda a doçura". Somos convidados a comer o Corpo do Senhor e a beber o seu sangue. É o mais profundo ato de adoração, a mais intensa oração, a mais plena comunhão com Deus.

O tato

Outra forma de Deus se comunicar com o ser humano é o tato. Deus toca a humanidade, santificando-a. Toca a humanidade, assumindo-a pela encarnação do seu Filho Jesus Cristo. Toca a humanidade dando-se como comida e bebida. É muito ilustrativa a linguagem do toque na liturgia do batismo. O primeiro toque acontece no rito de acolhida pela assinalação com o sinal da cruz na fronte. Depois, temos a unção no peito, para que o batizando tenha a força do Espírito a fim de renunciar ao mal e professar a fé. O toque por excelência é o toque da água fecundada pelo Espírito Santo. Finalmente, temos os ritos explicativos: a unção do vértice da cabeça, a veste branca, a vela acesa e o toque nos ouvidos e na boca para que o batizado possa ouvir logo a Palavra de Deus e confessá--la por sua vida. No Matrimônio, sacramento do amor, fonte de vida, a linguagem sacramental é, sobretudo, a linguagem corporal do toque, banhada pelo gozo da sexualidade. Tudo o que é humano é valorizado na liturgia, tudo é divinizado; tudo pode transformar-se em oração.

A linguagem simbólica da liturgia

Toda a liturgia é simbólica, é sacramental. Claro que devemos compreender o símbolo no seu sentido real como a mesma realidade em um outro modo de ser, elementos, objetos e ações que, ao mesmo tempo, contêm, ocultam, revelam e comunicam o mistério ou como a linguagem ou comunicação do mistério. Sendo o mistério a comunhão divino-humana, onde Deus e o ser humano se encontram no amor, ou os seres humanos vivem em comunhão de amor em Deus.

Assim em toda a missa entramos em comunhão com o mistério, toda a missa constitui oração, desde o sinal da cruz de abertura até o graças a Deus final. A própria palavra é símbolo e particularmente a Palavra de Deus na celebração. Ela evoca e torna presente o mistério celebrado; por ela a Igreja faz memória de Jesus Cristo. É oração.

Lembro, porém, que restringimos a linguagem simbólica por demais às palavras, o canto e as orações. Símbolos mais fortes do que a palavra dos cantos e orações são os gestos, as ações, os ritos. Um gesto ou ação pode constituir um rito simbólico como, por exemplo, o sinal da cruz, ou a bênção. Depois, temos os ritos formados por vários símbolos como os ritos de entrada, a liturgia da Palavra, a liturgia eucarística e os ritos finais. Falamos também em ritos de apresentação dos dons, o rito da consagração, pela oração eucarística, o rito de comunhão. Finalmente, podemos dizer que a celebração eucarística como um todo pode ser chamada rito da missa. Por isso não tem sentido dizer "celebrar com símbolos", pois toda a missa é celebrada com símbolos.

O mistério é comemorado não só através de palavras. A comunhão com Deus na liturgia, através da memória da obra da salvação de Cristo Jesus, se realiza através de todos os sentidos. A assembleia celebra de corpo inteiro. A comunicação com Deus por Cristo e em Cristo se faz através do ouvido, da vista, do olfato, do paladar e do tato, abrangendo todas as faculdades da pessoa, a inteligência, a vontade e o sentimento. Rezamos com todos os sentidos.

Assim o primeiro símbolo ou rito da liturgia é encontrar-se, é formar assembleia celebrante. Convocados pela Palavra de Deus e a fé, ao reunir-se, a assembleia já está comemorando o mistério da Igreja, do Corpo de Cristo formado de muitos membros. A assembleia já constitui um símbolo, um rito comemorativo. Depois, temos a Palavra de Deus e da Igreja. Não podemos esquecer os elementos da natureza usados como linguagem simbólica na liturgia. Temos objetos como símbolos na liturgia. Importantes são os gestos, as ações, as posturas do corpo e os movimentos. Tudo se faz oração, tudo se torna comemoração dos mistérios de Cristo, realizando a comunhão com o mistério, comunhão com Deus Pai, por Cristo, no Espírito Santo. As vestes sagradas falam do sagrado, de Deus e das coisas divinas. Igualmente, a arte do som, a música e o canto. Além disso, temos a arte da cor expressa na pintura, na escultura, na decoração do espaço e no próprio espaço celebrativo, a igreja como lugar de celebração dos mistérios. Inclui-se ainda o tempo como experiência pascal. Temos, então, o tempo da liturgia que abarca todo o tempo, o passado, o presente e o futuro, e a liturgia celebrada no tempo; no tempo da vida, os sacramentos; no ciclo do tempo solar, o ano litúrgico; no ciclo do tempo com suas fases, formando as semanas, o domingo, o dia do Senhor ressuscitado, e na experiência do tempo diário da noite e do dia, das trevas e da luz, onde temos sobretudo a liturgia das horas. A Eucaristia que celebra todo o mistério pode estar presente e ser expressão de todas as experiências do tempo.

O caráter dialogal da sagrada liturgia

A Igreja compreende a liturgia como um sagrado comércio. *O admirabile commercium!* – exclama a liturgia do Natal do Senhor. Traduzindo: "Admirável intercâmbio! O Criador da humanidade, assumindo corpo e alma, quis nascer de uma Virgem. Feito homem, doou-nos sua própria divindade!" Várias vezes é usada a expressão "a troca de dons entre o céu e a terra". Esse sagrado comércio entre o céu e a terra, entre Deus e o homem, como no mistério da encarnação, continua a acontecer na liturgia. Trata-se de uma troca de serviços entre Deus e a humanidade através do serviço de salvação e de glorificação do Deus de Cristo Jesus.

O comércio caracteriza-se por um intercâmbio de bens. Temos sempre uma troca de dons, que supõe o diálogo entre duas partes. Esse diálogo se dá entre Deus e o ser humano.

Acompanhemos o desenrolar da celebração eucarística. Abre-se a celebração com o sinal da cruz em nome da Trindade Santa. Aqui se inicia o diálogo entre o sacerdote e a assembleia, entre Deus e o homem, que responde *Amém*. A saudação, invocando a bênção da Santíssima Trindade, também pede uma resposta. Temos um belíssimo diálogo na abertura da oração eucarística. O final da oração eucarística, por sua vez, síntese de toda a prece, prepara a grande resposta de assentimento, o grande *Amém*: assim seja, assim é, eis a minha adesão ao que foi proclamado. Belíssimo exemplo de diálogo encontramos após a narração da instituição da Eucaristia. O sacerdote exclama: Eis o mistério *da fé!* E o povo anuncia o mistério pascal: *Anunciamos, Senhor, a vossa morte e proclamamos a vossa ressurreição. Vinde, Senhor Jesus.* Temos ainda a oração pela paz, a saudação da paz, a apresentação do pão e do vinho consagrados e os ritos finais. O diálogo entre o sacerdote celebrante e a assembleia é expressão do diálogo entre as pessoas da Santíssima Trindade e entre Deus e a humanidade. As orações proferidas pelo sacerdote presidente pedem sempre uma resposta ou aclamação do povo. O sacerdote representa o Cristo em diálogo com o Pai e a comunidade reunida.

A assembleia entra em diálogo com Deus. Ouve, acolhe, responde e se deixa tocar pela ação santificadora de Deus. Na liturgia da Palavra também se estabelece um diálogo entre Deus e a assembleia. Deus propõe, Deus fala, o povo ouve e responde em uma resposta de admiração, de adesão, de pedido de perdão, de adoração, de ação de graças ou de pedido e de intercessão. Por isso, as leituras costumam iniciar com um vocativo, *irmãos,* e terminar com uma aclamação, *Palavra do Senhor* ou *Palavra da salvação,* respondida pelo povo. Isso aparece de modo particular na leitura do Evangelho: Temos aí uma saudação no início e uma aclamação no final.

A proclamação ou o salmo responsorial também pede um intercâmbio entre o salmista e a assembleia. Os próprios cantos de entrada, de apresentação dos dons e da comunhão têm, em sua origem, uma forma dialogada. Todos cantam a antífona e o cantor ou cantores proclamam as estrofes do salmo respectivo. A maioria dos cantos cantados juntos, ministros e povo, também tem caráter dialogal nem sempre observado. Por exemplo, o ato penitencial, quando tem como refrão o *Senhor, tende piedade de nós*. Seu gênero literário é de ladainha e pede que um solista ou um grupo de cantores faça a invocação e o povo todo responda "*tende piedade de nós*". O *Cordeiro de Deus* também tem forma litânica. O *Glória* e o *Creio* podem igualmente ser cantados ou recitados alternando os lados por versículos ou estrofes. Um belíssimo exemplo de diálogo, o temos na liturgia das horas, sobretudo na alternância dos salmos entre os dois lados do coro. Um lado anuncia e o outro responde, e vice-versa. Temos um diálogo divino-humano no diálogo da assembleia.

Além disso, a forma dialogada torna a celebração mais leve e mais viva. Mais ainda: ela evita o perigo de rotina, ou de uma recitação maquinal dos textos.

O silêncio sagrado

Silêncio! Como a sociedade atual necessita de silêncio! Somos todos bombardeados por estímulos de todo gênero, que nos atingem os ouvidos, a vista, o olfato, o paladar, o tato, enfim, todos os nossos sentidos. Esses ruídos penetram o nosso ser, o enchem à saturação, não deixando muitas vezes espaço para as coisas boas da vida, para Deus nem para nós mesmos. Caímos na superficialidade, na exterioridade, na solidão. Eis o som do rádio, da televisão, do telefone, o da Internet; o ruído dos carros, das buzinas, dos tiros, dos foguetes. São as imagens de todo tipo com suas mensagens. As ofertas ao paladar, os perfumes de todo tipo, os objetos de prazer imediato. Não nos é dado tempo para escolher o que nos convém, para assimilar as coisas. Tornamo-nos todos saturados. O homem moderno tem medo do silêncio, foge dele, porque foge de si mesmo. Sente dificuldade de confrontar-se consigo mesmo, com a natureza, com o próximo e com Deus.

Daí a necessidade do jejum, ou seja, de abster-se de tantos estímulos que nos atingem a cada hora do dia e mesmo da noite. As pessoas têm necessidade de jejuar do som, das imagens, dos aromas, do paladar, do tato. O silêncio é uma forma de jejum. Trata-se de criar espaço em nós mesmos para acolher o que convém. Fazer silêncio é entrar em nós mesmos, fazer espaço para o bem, para o amor ao próximo e o amor a Deus.

Tal silêncio que nos leva a acolher o mistério, a fazê-lo nidificar em nós e repercuti-lo na ressonância do nosso ser interior, o silêncio que nos leva a jejuar das palavras vãs para acolher a Palavra e deixá-la tomar forma em nós, a exemplo de Maria, a serva da Palavra, é indispensável também na celebração da sagrada liturgia. Acontece que muitas de nossas assembleias estão se transformando em verdadeiras plateias de *show*, de espetáculo.

Nossas celebrações são por demais barulhentas, cheias de ruídos tanto acústicos como visuais. Há muito palavrório, muita conversa, muita distração, que acabam abafando a oração. Infelizmente, após o Concílio, não se entendeu corretamente o sentido da participação ativa na liturgia. O Concílio pede uma participação eficaz ou frutuosa. Para que seja frutuosa é preciso que seja consciente, ativa e plena, mas se pensou quase só na participação ativa e ainda mal-entendida. Identificou-se o ativo com o verbal, com palavras. Por isso, o acento nos diálogos, nas aclamações e nos cantos. Ora, a participação ativa não se restringe às palavras. Participamos ouvindo, vendo, cheirando, degustando; participamos pelo tato, pela ação, pelos movimentos, bem como pelo silêncio.

Por isso, quando fala da participação ativa na liturgia, o Concílio diz: "Para promover a participação ativa trate-se de incentivar as aclamações do povo, as respostas, as salmodias, as antífonas e os cantos, bem como as ações e os gestos e o porte do corpo. A seu tempo, seja também guardado o sagrado silêncio" (SC 30). Não se trata de um silêncio morto, mas cheio. Trata-se de um silêncio sagrado, porque capaz de relacionar a pessoa com Deus.

Apresentam-se, portanto, vários modos de participar ativamente da sagrada liturgia: as aclamações do povo, as respostas, a salmodia, as antífonas e os cantos. Estes vão todos na linha do uso da palavra, mas temos as ações e os gestos e o porte do corpo que em geral são realizados ou acompanhados em silêncio. Finalmente, temos o próprio silêncio como momentos significativos e expressões de participação ativa. Temos, portanto, o silêncio que acompanha ações, gestos e posturas do corpo, o silêncio na escuta da palavra, como a Palavra de Deus e orações presidenciais e momentos de silêncio propriamente ditos.

O silêncio acompanhando leituras, orações, ações e posturas corporais na liturgia

Na liturgia o silêncio é observado não só em momentos determinados. O recolhimento perpassa toda a celebração. Há momentos explícitos de silêncio, mas ele é observado também na escuta da palavra e acompanha certas orações chamadas presidenciais. Além disso, temos muitas ações, gestos, movimentos e posturas do corpo realizados ou acompanhados em silêncio, através do ouvido e da vista. Ouve-se em silêncio, acompanha-se em silêncio pela vista, contemplando o que se realiza ou é realizado pelo sacerdote presidente em nome de toda a assembleia.

Silêncio na escuta da Palavra de Deus

Para ouvir é preciso silenciar, fazer espaço interior para acolher a Palavra na força do Espírito Santo. É Cristo, a Palavra, quem fala quando na igreja se leem as Escrituras. Quantos ruídos estão atrapalhando a escuta da Palavra de Deus em nossas assembleias! É ruído demais a distrair. É ruído acústico. É o cochicho na equipe de celebração. É ruído de microfonia dos aparelhos acústicos. É o ventilador ruidoso. É a conversa entre os "assistentes". Pior ainda é o ruído visual. Pessoas chegando atrasadas, pessoas deslocando-se de um lugar para outro na igreja. É acólito querendo ajustar o microfone quando a leitura já se iniciou. O silêncio é indispensável para uma escuta frutuosa da Palavra de Deus.

Silêncio que acompanha orações do sacerdote

A liturgia distingue-se por seu caráter dialogal. Nem todos dizem tudo. Há partes da assembleia e outras, próprias do sacerdote. Por isso, os fiéis ouvem as orações em silêncio, fazendo-as suas e dando seu assentimento com o *Amém* final ou por aclamações. Isso vale, sobretudo, para a oração eucarística que é sacerdotal por sua natureza. Diz a Instrução:

> O sacerdote convida o povo a elevar os corações ao Senhor na oração e ação de graças e o associa à prece que dirige a Deus Pai, por Cristo, no Espírito Santo, em nome de toda a comunidade. A oração eucarística exige que todos a ouçam respeitosamente e em silêncio (IGMR 79).

O mesmo se diga da oração pela paz que é dita só pelo sacerdote.

Silêncio que acompanha ações, gestos e movimentos

Todo gesto realizado pelo presidente da assembleia é feito em nome de toda a assembleia. São gestos litúrgicos significativos dos mistérios celebrados. Assim todos os fiéis presentes podem e devem transformá-los em verdadeira oração: traçar o sinal da cruz, persignar-se, impor as mãos, lavar as mãos, unir as mãos, elevar as mãos, inclinações de cabeça, genuflexões e assim por diante. Os fiéis acompanham tudo em silêncio, fazendo-os seus, transformando-os em oração.

Quase todos os movimentos são acompanhados em silêncio. Gostaria de realçar a procissão da apresentação das oferendas. O canto que a acompanha é facultativo. Os fiéis que levam as oferendas ao altar estão realizando uma procissão de ofertas em nome de todos os fiéis presentes. Cada um deve encontrar-se nas oferendas, fazendo sua a apresentação das oferendas com tudo o que elas significam. O ideal é que a procissão seja acompanhada pelo olhar, em silêncio. A própria ação de se reunir em assembleia, já parte da celebração, é feita em silêncio.

Silêncio que acompanha posturas corporais da assembleia

Estar de pé, levantar-se, sentar-se e estar assentado, ajoelhar e estar de joelhos, prostrar-se e estar prostrado são ações comemorativas dos mistérios celebrados, expressões orantes, modos de a assembleia comunicar-se com Deus. O corpo todo reza, comunica-se com Deus na fé, na esperança e na caridade. Tudo isso é realizado no silêncio das palavras. Celebremos, pois, de corpo inteiro, comunicamo-nos com Deus, inclusive, através da gestualidade corporal no silêncio das palavras. Tudo é oração.

As doxologias na liturgia

Doxologia vem de *doxa*, "glória" em grego, e *logos*, "palavra" em grego. Significa, então, palavra de glória. Doxologia é um louvor ou bendição a Deus. Em geral tem caráter trinitário. Aparece na missa como hino de glorificação ou como conclusão de uma ação de graças.

As duas doxologias mais comuns começam com a palavra "glória". São elas o *Glória a Deus nas alturas*, chamada a grande doxologia, e o *Glória ao Pai*, a pequena doxologia, muito usada pela Igreja na liturgia das horas e no final dos salmos.

Na missa temos as seguintes doxologias: O *Senhor, tende piedade*, o *Glória a Deus nas alturas,* o *Santo*, o *Por Cristo, com Cristo e em Cristo* no final da oração eucarística e, diria, o *Senhor, eu não sou digno.*

As doxologias na missa, exceto o *Por Cristo*, são hinos de passagem, de entrada no Santo dos santos. Constituem uma profunda expressão de adoração, de experiência do sagrado, do santo, do divino. São como que os portais de entrada no espaço do sagrado, no espaço de Deus.

Nesse sentido, o *Kyrie eleison* (Senhor, piedade) não é propriamente um ato penitencial, de pedido de perdão, mas uma glorificação do Deus de bondade, do Deus que é piedade, e manifestou esta sua atitude de Pai, sobretudo em Cristo Jesus. Por isso, o *Senhor, piedade* como que introduz a assembleia na celebração do mistério celebrado, mistério da bondade e da misericórdia de Deus. A Igreja proclama Jesus Cristo o seu Senhor, o seu Deus. O *Kyrie*, tanto no Oriente como no Ocidente, desde os primeiros séculos da Igreja, serviu de abertura da celebração.

Mais tarde, em dias solenes, se introduziu o *Glória* na missa, como desdobramento do *Kyrie*. Por isso, hoje o *Glória* é cantado somente nas solenidades, nos domingos fora do advento e da quaresma e nas festas. Supõe o *Kyrie* que, sozinho, não constitui ato penitencial, sendo normalmente proclamado depois da absolvição geral do ato penitencial.

Outra grande doxologia de passagem e de introdução é o *Santo*. Ele conclui o grande louvor a Deus do prefácio e introduz no Santo dos santos da oração eucarística, quando os dons são santificados, onde o Deus santo se torna presente no meio da Igreja no sacramento.

Temos, depois, a grande e solene doxologia do *Por Cristo, com Cristo...* Ela sintetiza e conclui a grande oração de ação de graças, a oração eucarística, proclamada pelo sacerdote. Por essa doxologia o sacerdote expressa a glorificação de Deus, a conclui, e o povo presente a confirma pelo *Amém*.

O *Senhor, eu não sou digno*, antes da comunhão, também pode ser considerado mais como um reconhecimento da bondade de Deus, uma doxologia, do que um pedido de perdão. Um ato de humildade, de adoração, de reconhecimento do Deus santo que vem a nós.

É importante cultivarmos a atitude expressa nas doxologias da missa. Elas nos levam a uma atitude de humildade, de adoração, de louvor àquele que é três vezes santo, que é o Santo dos santos, de quem não somos dignos de pronunciar o nome. Ajudam-nos a cultivar aquela dimensão do sagrado, própria do mistério que celebramos e vivemos na liturgia.

É claro que esses textos doxológicos devem ser proclamados na íntegra. Eles constituem um tesouro da fé cristã. Expressam a atitude fundamental do ser humano, diante do Deus criador e Pai santo, que pede: Sede santos como eu sou santo.

Liturgia como celebração

O *Catecismo da Igreja Católica* apresenta a liturgia como "celebração do mistério cristão", celebração do mistério pascal. Coloca, portanto, a liturgia na dimensão da celebração. Assim, para compreendermos bem o que é a liturgia cristã e vivê-la sempre mais intensamente, convém refletir sobre o que é *celebração* e os *elementos* que constituem uma celebração. Em consequência dessa compreensão, segue uma palavra sobre a celebração cristã, a sagrada liturgia.

O que é celebração?

Celebrar é tornar célebre. Tornar célebre é tornar famoso, conhecido, é tornar presente. O que torna uma pessoa célebre, famosa, são as suas obras, os seus feitos. Para reconhecer a celebridade de uma pessoa procura-se lembrar o que ela foi e o que ela fez; lembram-se, narram-se suas obras. Essa narração das obras torna a pessoa novamente presente.

Os elementos de uma celebração

Tomemos como exemplo a celebração do primeiro aniversário de uma criança em uma festa em família. Analisemos os vários elementos da celebração.

O fato valorizado: O primeiro elemento para a celebração ou comemoração é o fato de a criança ter nascido. Esse fato deve ser um fato valorizado, caso contrário não se celebra, mas procura-se esquecer. Esse fato pode ser chamado também de páscoa, uma passagem.

A expressão significativa do fato ou o rito: Para lembrar o fato valorizado, a comunidade reunida o expressa através de uma linguagem simbólica. É o rito. No caso do primeiro aniversário da criança temos, antes de tudo, as pessoas presentes que valorizam o fato, a vida da criança; depois, a sala, a mesa, o bolo, a velinha acesa, o canto de parabéns.

Mas fazer memória, celebrar, é uma ação. Tudo preparado, a criança à mesa diante do bolo, os presentes cantam os parabéns, a criança apaga a velinha, pois ela é a luz que ilumina a todos, corta-se o bolo, partilha-se o bolo, símbolo de vida, de felicidade, de partilha, de solidariedade. É a festa da vida que veio à luz e perdura já um ano.

A intercomunhão solidária ou o mistério vivido: O que realmente importa em toda a celebração é o invisível, o sentido que aparece por detrás da ação simbólica ou do ritual: a intercomunhão solidária, a comunhão de todos em solidariedade com a criança. Essa realidade contida e revelada através do rito simbólico da vida da criança podemos chamá-la de mistério.

Em toda celebração temos, portanto, o fato valorizado ou a páscoa-fato, e expressão significativa do fato valorizado, o rito, e a vivência do mistério ou a intercomunhão solidária.

A celebração cristã

Na celebração cristã ou na liturgia, o *fato valorizado* ou a *páscoa-fato* é o mistério pascal de Cristo, centrado na sua paixão, morte e ressurreição. Em outras palavras é a obra da salvação em Cristo Jesus, desde o mistério da encarnação até o seu retorno glorioso.

A expressão significativa ou o rito são as diversas celebrações da Igreja que comemoram a Páscoa de Cristo e dos cristãos, o mistério pascal, como os sacramentos, no centro a Eucaristia, o ano litúrgico, a liturgia das horas, o domingo, a festa pascal semanal.

A intercomunhão solidária ou o mistério é aquela comunhão de amor e de vida entre Deus e o homem, que acontece na ação comemorativa da obra da salvação de Cristo, que assim se torna atual e presente na vida da Igreja e da humanidade. É Cristo que continua a encarnar-se, a morrer e ressuscitar nos que nele creem e o acolhem como Senhor e Salvador da humanidade. Eis a celebração cristã, eis a liturgia, à luz do conceito de celebração.

Rezar em salmos

Rezar em salmos, ou rezar com salmos, melhor do que rezar salmos.

A reforma da liturgia das horas promovida pelo Concílio Vaticano II manteve como principal elemento expressivo da oração da Igreja os salmos. O que fazer com que os salmos sejam verdadeiramente oração e oração pessoal na liturgia das horas?

Aqui vão algumas dicas. De saída, devemos suspeitar que os salmos constituem um tesouro não só para o povo de Israel, mas para a Igreja e toda a humanidade.

Para tornar os salmos expressão da nossa oração pessoal devemos colocá-los na perspectiva do princípio da unidade da história da salvação e do mistério de Cristo. A história da salvação é uma só como também o mistério de Cristo. A história da salvação realiza-se em várias fases ou etapas. Podemos definir quatro fases: Criação e providência (Antigo Testamento), o evento da encarnação do Filho de Deus, o tempo da Igreja e a consumação escatológica. Devemos, então, fazê-los nossa oração a partir de Jesus Cristo, à luz de Jesus Cristo, descobrindo neles sempre a compreensão ou o sentido dos contemporâneos, quando os salmos foram compostos, sua compreensão à luz de Cristo, sua compreensão pela Igreja hoje, sempre aberta para a realidade última escatológica.

Além disso, temos mais algumas chaves para tornar os salmos nossa oração pessoal em Cristo e por Cristo, na Igreja.

1) Os salmos constituem uma *síntese da história da salvação e do mistério pascal de Cristo* em forma de oração. Os salmos são Palavra de Deus privilegiada, pois neles Deus fala e se revela na resposta orante do ser humano. Cada versículo, cada estrofe, cada salmo constitui uma experiência de oração – não como recitação de palavras, mas como experiência de comunicação com Deus.

2) Os salmos são capazes de *fazer memória e tornar presente o mistério de Cristo e do ser humano* em sua plenitude.

3) Devemos criar em nós *um espírito comunitário e universal,* vendo e vivendo, no *eu* dos salmos, Jesus Cristo, o indivíduo que reza, a comunidade orante e a humanidade toda em Cristo e por Cristo. Cristo acolhe e dá voz a toda a humanidade em sua comunhão com Deus. A oração da Igreja é "oração que Cristo unido ao seu Corpo eleva ao Pai". Diz Santo Agostinho: "Reconheçamos, pois, a nossa voz nele, e a sua voz em nós".

4) *A santidade de vida.* Quem reza com os salmos vibra com o Deus santo, com o modo de ser de Deus. Os salmos falam sempre com Deus e de Deus sobre as coisas divinas, sobre todas as realidades criadas em sua relação com Deus. Uma experiência gratificante é tomar salmos e tentar descobrir esses diversos aspectos: como eles constituem oração, como neles se revela o mistério de Cristo e do ser humano, como o *eu* dos salmos pode expressar a vida da humanidade toda em Cristo, e como os salmos falam de Deus ou a Deus sobre o mundo e o ser humano em suas mais diversas circunstâncias.

Finalmente, podemos perceber como os salmos contam a vida do ser humano. Neles podemos identificar a nossa vida e a vida de toda a humanidade. Neles encontramos a história da humanidade, desde a criação até a parusia e a história de cada um de nós, desde as nossas origens até a consumação. Sob esse aspecto, podemos agrupar os salmos em 10 grandes temas conforme o tema central de cada um. Sempre na unidade do mistério de Cristo e da história da salvação em suas diversas fases. São eles: 1) Criação e providência. 2) O Povo de Deus. 3) O rei, chefe do Povo de Deus. 4) Jerusalém capital do Povo de Deus. 5) O Templo de Jerusalém. 6) A Lei do Povo de Deus. 7) Os inimigos do Povo de Deus. 8) O pecador arrependido no Povo de Deus. 9) O justo, o pobre do Senhor no Povo de Deus. 10) O louvor dos atributos de Deus e convites para louvá-lo.

"Cantai para o Senhor um canto novo, com arte sustentai a louvação!" (Sl 32,3).

Celebrar com símbolos?

Não poucas vezes ouvimos dizer nas equipes de liturgia: "Nós aqui celebramos com símbolos". Quando se usam esses termos pensa-se em símbolos que acompanham os dons no rito da preparação do altar. Cuidado! Sempre celebramos com símbolos. Toda a liturgia faz uso de uma linguagem simbólica: Gestos, ações, movimentos, silêncio e, até, as palavras.

Os grandes símbolos da Eucaristia como sacrifício de ação de graças e ceia do Senhor são o pão e o vinho com água. Só tem sentido fazer acompanhar ou preceder esses símbolos por outros se eles realmente ajudarem a compreender e a vivenciar os grandes e essenciais símbolos da Eucaristia. Em geral, tais símbolos acrescentados mais distraem do que ajudam a vivenciar o sentido místico da apresentação das oferendas. Quando bem compreendidos através de uma catequese litúrgica eficiente não há necessidade de ilustrá-los com símbolos sobrepostos. Poderão ajudar em algumas circunstâncias, mas tais "símbolos" não podem tornar-se quase necessários e automáticos em toda celebração. Eles não pertencem ao rito da preparação da mesa do Senhor, não pertencem à matéria do sacrifício de ação de graças.

Precisamos compreender o que simbolizam o pão e o vinho no rito da apresentação dos dons, chamado também apresentação das oferendas ou procissão dos dons ou das oferendas.

O pão e o vinho constituem os elementos essenciais do banquete ou da refeição fraterna. Significam o alimento sólido e o alimento líquido. Na ceia do Senhor, banquete pascal, o pão e o vinho expressam um tríplice nível de significado ou de simbolismo.

1) O pão e o vinho significam o que o ser humano é: sua vida como dom de Deus, enfim, o mundo e todo o universo como dom de Deus. Ninguém vive sem comer e beber.

2) O pão e o vinho significam, simbolizam o que o ser humano faz. Ninguém vai colher pão na roça; ninguém vai buscar vinho no rio ou na fonte. Isso quer dizer que o pão para chegar a ser pão, e o vinho para chegar a ser vinho, passam por todo um processo humano. O trabalho, a criação, o sofrimento. Significam o ser humano participante da obra da criação.

3) Na última ceia Jesus Cristo deu um novo significado ao pão e ao vinho. Ele relacionou o pão com o seu corpo dado para a vida do mundo e o vinho, com o seu sangue derramado para a remissão dos pecados. Através da entrega de sua vida por amor, Jesus restaurou o sentido da vida e do amor do ser humano. Aquilo que o homem é e aquilo que ele faz por Cristo e em Cristo, na atitude de Cristo, readquire a dimensão do amor e da vida.

Quando os fiéis levam o pão e o vinho para o altar, que é Cristo, a assembleia une a Cristo tudo aquilo que o pão e o vinho significam naquele momento: a vida como dom de Deus, os trabalhos, as realizações, o amor a Deus, ao próximo e a todo o criado, suas dores e sofrimentos. Tudo isso na atitude de Jesus Cristo no sacrifício da cruz, na sua entrega ao Pai e ao mundo para que todos tenham vida e a tenham em abundância. Desse significado dos dons brota a grande ação de graças, a oração eucarística. A apresentação dos dons é, pois, oração.

Por isso, convém que essa procissão de apresentação dos dons se faça em silêncio e não seja perturbada ou distraída por uma série de outros elementos, que em vez de ajudar dificultam esse momento da apresentação dos dons e a preparação da mesa do Senhor.

Essas três dimensões dos símbolos do sacrifício e da ceia do Senhor são belamente expressas nas palavras que o sacerdote profere ao apresentar os dons ao altar:

"Bendito sejais, Senhor Deus do universo, pelo pão (pelo vinho) que recebemos de vossa bondade, fruto da terra (da videira) e do trabalho humano que agora vos apresentamos e para nós se vai tornar pão da vida (vinho da salvação)". Convém que a assembleia aclame.

Chegar na hora

O Povo de Deus é reunido para celebrar a obra da salvação e glorificar a Deus. A própria reunião da assembleia já faz parte da celebração. Quem reúne a assembleia é o próprio Deus através de sua Palavra. Deus convoca seu povo, reunindo-o em torno da Palavra, e o povo, por sua vez, ouve a Palavra, acolhe-a no seu coração e responde a ela na própria liturgia e na vida.

Quando os cristãos se reúnem em assembleia torna-se presente o próprio Cristo Jesus que veio reunir o povo disperso. Dito em outras palavras: Os que creem em Cristo constituem a Igreja, o corpo místico de Cristo, cabeça e membros. Forma-se a Igreja, o sacramento do Povo de Deus. A palavra Igreja vem de *ecclesia* que, em grego, significa o chamado do alto. Igreja significa o povo convocado e reunido por Deus.

A ação comunitária de reunir-se em assembleia celebra o Cristo que veio reunir a todos. São Paulo diz:

> Deu-nos a conhecer o mistério de sua vontade, conforme o beneplácito que em Cristo se propôs, a fim de realizá-lo na plenitude dos tempos: unir sob uma cabeça todas as coisas em Cristo, tanto as que estão no céu como as que estão na terra (Ef 1,9-10).

Lembrando o Cristo que veio congregar a todos na unidade, a assembleia torna presente o Cristo. A assembleia gera o corpo de Cristo, Cabeça e membros. É sinal de toda a humanidade unida em Cristo Jesus. É a Palavra, o Verbo de Deus se tornando visível.

Essa assembleia congregada em Cristo, por sua vez, é sinal da comunhão plena de todos em Cristo no fim dos tempos. Eis a dimensão profética da assembleia cristã.

Reunir-se em assembleia constitui, portanto, um ato de culto ao Pai, por Cristo, na força do Espírito Santo. Tem caráter religioso, constitui uma oração. Oração, comunicação com Deus, não por palavras, mas pela ação, ouvindo a voz de Deus pela fé que convoca a todos para comemorar a obra da salvação e dela participar. Já faz parte do mistério celebrado pela assembleia. Ela constitui um sinal sensível e significativo da própria Igreja, em todas as suas dimensões: a de comunhão e participação, a missionária, a catequética, a celebrativa, a ecumênica e de diálogo religioso e a sociotransformadora. Toda ela já é realidade e ao mesmo tempo profética ou prefigurativa da comunhão de todos em Cristo Jesus.

Essa comunhão de todos em Cristo e por Cristo é expressa logo na abertura da celebração feita em nome da Santíssima Trindade e na saudação inicial que mergulha a assembleia no mistério da Trindade, pois, como diz o Vaticano II, "a Igreja toda aparece como o Povo de Deus reunido na unidade do Pai e do Filho e do Espírito Santo":

> A graça de Nosso Senhor Jesus Cristo, o amor do Pai e a comunhão do Espírito Santo estejam convosco. Bendito seja Deus que nos reuniu no amor de Cristo. Neste momento a assembleia está constituída (LG 4).

Dessa realidade da assembleia reunida na Trindade Santa devemos tirar algumas conclusões. Primeiro, não se deve chegar tarde nos atos litúrgicos da Igreja. A assembleia está mergulhada no mistério da Trindade. Quem chega tarde "desmergulha" a assembleia do mistério. Torna-se um ruído que machuca o corpo de Cristo. Torna-se um corpo estranho, que distrai os que já se encontram em clima de devoção e oração. Claro que pode haver exceções, mas que, então, a pessoa permaneça discretamente em lugar que não chame atenção à sua presença, evitando perturbar a comunhão reinante. Segundo, é preciso acreditar e viver realmente como um ato celebrativo a ação de se dirigir para a igreja convocado pela fé, quem sabe pelos sinos. Enfim, não sendo a assembleia litúrgica um mero encontro social, importa que as pessoas se dirijam à igreja, em clima de fé, de silêncio, de compenetração, pois vão tornar o Cristo presente e atuante pelo próprio fato de se constituírem em assembleia.

O "Senhor, tende piedade" sozinho não é ato penitencial

A invocação *Kyrie, eleison* é de antiga tradição tanto na liturgia oriental como na ocidental. Trata-se de um "canto em que os fiéis aclamam o Senhor e imploram a sua misericórdia". É uma doxologia, isto é, uma aclamação do Deus misericordioso, que se manifesta no Cristo Senhor.

Na missa ele faz parte dos ritos iniciais que precedem a liturgia da Palavra, isto é, entrada, saudação, ato penitencial, *Kyrie, Glória* e oração do dia, que têm caráter de exórdio, introdução e preparação.

Sua finalidade é fazer com que os fiéis, reunindo-se em assembleia, constituam uma comunhão, se disponham para ouvir atentamente a Palavra de Deus e celebrar dignamente a Eucaristia (cf. IGMR 46, 52).

O *Senhor, tende piedade de nós* constitui um dos elementos dos ritos iniciais. Depois do ato penitencial que inclui a absolvição geral do sacerdote, absolvição que, contudo, não possui a eficácia do sacramento da penitência, inicia-se sempre o *Senhor, tende piedade,* a não ser que já tenha sido rezado no próprio ato penitencial. Quando o *Senhor* é cantado como parte do ato penitencial, antepõe-se a cada aclamação uma "invocação" chamada também "tropo". Por exemplo, *Senhor, que viestes salvar os corações arrependidos, tende piedade de nós.*

Está muito difícil compreender esse caráter não penitencial, mas doxológico, do *Senhor, piedade*. Nossa espiritualidade tornou-se por demais penitencialista. Devemos recordar que o ato penitencial e não rito penitencial em celebração penitencial só entrou no ordinário da missa com o Concílio Vaticano II, pois antes se tratava de uma preparação dos ministros, preparação que inicialmente era feita na sacristia e mais tarde nas "orações ao pé do altar" em um diálogo entre o sacerdote celebrante e os ministros. Só com o movimento litúrgico é que a assembleia começou a participar das orações ao pé do altar. A missa começava propriamente com a antífona de entrada, o *Introitus*.

Outra coisa. A nossa tradução para o português não é muito feliz. Os italianos traduziram simplesmente: *Signore, pietà*. Senhor, vós sois piedade. Piedade são os sentimentos do pai para com os filhos, sentimento de bondade, perdão, de misericórdia. Trata-se de um ato de reconhecimento de Cristo como Senhor; como manifestação da bondade do Pai, de sua misericórdia. Um ato de adoração, de louvor, de glorificação de Deus por sua bondade e misericórdia; por isso, uma doxologia. É também uma profissão de fé no Cristo Senhor.

Precisamos recuperar essas doxologias durante a celebração eucarística. Elas constituem, em geral, como que portas de passagem, de átrios. O *Senhor, piedade* constitui uma porta de entrada no espaço de Deus que fala e age, primeiramente através da sua Palavra celebrada e depois através da liturgia eucarística. Outra doxologia importante é o *Santo*, como porta de entrada no Santo dos santos da presença de Deus na oração eucarística.

Assim, quando a assembleia se propõe cantar o *Senhor, tende piedade de nós*, deverá escolher como ato penitencial a oração *Confesso a Deus* ou os versículos bíblicos: *Tende com-*

paixão de nós, Senhor. Porque somos pecadores. Manifestai, Senhor, a vossa misericórdia. E dai-nos a vossa salvação. Segue-se a absolvição geral e, em seguida, o *Senhor, tende piedade de nós.*

Glória e não "glorinha"

Através dos anos após o Concílio Vaticano II introduziu-se uma lamentável distorção no uso do hino *Glória a Deus nas alturas* na celebração eucarística.

Qual o lugar e o sentido do *Glória* e não canto de louvor ou canto de glória, nem ação de graças, como muitas vezes vem sendo chamado.

O *Glória* é um dos elementos dos ritos iniciais da celebração eucarística que ocorre nos domingos não roxos, nas solenidades e nas festas, bem como, facultativamente, em celebrações mais festivas.

Vejamos o que diz a *Instrução Geral sobre o Missal Romano*:

> O *Glória* é um hino antiquíssimo e venerável, pelo qual a Igreja, congregada no Espírito Santo, glorifica e suplica a Deus Pai e ao Cordeiro. O texto desse hino não pode ser substituído por outro. [...] É cantado ou recitado aos domingos, exceto nos tempos do advento e da quaresma, nas solenidades e festas e ainda em celebrações especiais mais solenes (IGMR 53).

Não se trata de uma mera aclamação trinitária, embora tenha caráter trinitário. Dirige-se ao Pai, proclama a obra salvadora do Filho, imolado e vitorioso, nosso Senhor e Salvador, na unidade do Espírito Santo. O conteúdo central do hino é cristológico e pascal.

Tem sua origem nas Igrejas do Oriente, de onde veio a Roma, onde era entoado primeiramente só pelo Papa no Natal, na Páscoa e em outras ocasiões solenes. Mais tarde, foi concedido também aos presbíteros entoarem o *Glória* em sua primeira missa solene e no dia da Páscoa. No Ocidente nunca foi usado fora da missa. Sua origem no Oriente está ligada ao ofício de *laudes*, sobretudo dos monges.

Na celebração eucarística no Ocidente o *Glória* é de uso posterior ao *Kyrie* e tornou-se um desdobramento solene do próprio canto doxológico do *Kyrie eleison*. Nessa compreensão, seu uso foi novamente restringido a celebrações solenes e festivas.

Pior é o que está acontecendo, quando se relaciona o *Glória* com o ato penitencial. Ouvem-se bispos, padres e comentaristas dizendo: "Agora que fomos perdoados, entoemos com alegria um canto de glória, dando graças a Deus". E lá vem qualquer "canto de glória", como é chamado, às vezes, só porque ocorre a palavra "glória". O *Glória* não tem nada a ver com o ato penitencial. É antes uma grande doxologia, um hino de louvor a Deus com caráter cristológico e pascal, desdobramento do "Senhor, piedade", um portal de entrada na liturgia da Palavra e em toda a liturgia da missa. Não lugar também para grandes introduções para o canto do *Glória*, pois ele se segue imediatamente após o *Senhor, tende piedade de nós.*

Diante disso, todo o repertório de "cantos de glória" produzidos nesses últimos 40 anos deverá ser aposentado em relação à celebração eucarística. Poderão ser valorizados em outras celebrações ou devoções.

"Entoado pelo sacerdote ou, se for o caso, pelo cantor ou o grupo de cantores, é cantado por toda a assembleia, ou pelo povo que o alterna com o grupo de cantores ou pelo próprio grupo de cantores. Se não for cantado, deve ser recitado por todos juntos ou por dois coros dialogando entre si" (IGMR 53). O ideal é que seja cantado, mas também pode ser recitado. Em dias mais solenes poderá ser cantado por um coro polifônico, mesmo em latim, sendo vivido por todos na devota audição.

Para o canto existe uma tradução versificada em cinco estrofes, que começa com as palavras: *Glória a Deus nos altos céus...* Os hinos não costumam ter refrões.

Em comunhão eclesial, temos, pois, algo a corrigir, em relação ao *Glória* na missa.

Recepção da Palavra de Deus

A assembleia recebe a Palavra de Deus ou a Palavra de Deus recebe a assembleia? Gostaria de refletir um pouco sobre o livro da Palavra de Deus na liturgia e os ritos relacionados com ele.

Os principais livros litúrgicos para a missa são o Lecionário, o Evangeliário e o missal.

Desde as origens da Igreja fazem-se leituras bíblicas. Antes de se realizar a ação sacramental de Deus, a Igreja faz memória do mistério pascal através das leituras, seja do Antigo Testamento, dos Atos dos Apóstolos e das Cartas. Nos primeiros tempos as leituras eram feitas diretamente da Bíblia, com o passar dos tempos os textos bíblicos lidos na liturgia foram agrupados em diversos livros, sobressaindo o Lecionário e mais tarde um pouco o Evangeliário.

O livro tem grande significado na Bíblia do Antigo e do Novo Testamento, bem como na liturgia da Igreja. A Bíblia é chamada "o livro da vida"; nele estão inscritos os nomes dos eleitos. Ela contém o plano salvífico de Deus. As Escrituras contêm a mensagem de Deus; é a palavra do próprio Deus.

No início de sua missão messiânica na sinagoga de Nazaré, Jesus abriu o livro que lhe foi alcançado e leu um trecho do Profeta Isaías. Depois disse: "Hoje se cumpriu esta passagem da Escritura que acabais de ouvir" (Lc 4,21).

No Novo Testamento a Palavra se identifica com o próprio Verbo encarnado, Jesus Cristo. Ele é a Palavra. Diz o Concílio Vaticano II: "Ele (Cristo) "está presente pela sua palavra, pois é Ele mesmo que fala quando se leem as Sagradas Escrituras na igreja" (SC 7).

As Escrituras são lidas e não proclamadas de cor. A Palavra de Deus na liturgia deve ser ouvida, e não lida, cada um para si ou em uma leitura comunitária. A Palavra de Deus na liturgia constitui elemento ritual comemorativo dos mistérios celebrados. Ela tem caráter sacramental. A celebração da Palavra distingue-se dos grupos de reflexão e mesmo da leitura orante da Bíblia. Não se vai ouvir a Palavra de Deus para estudar, mas para vivê-la.

A Palavra de Deus deve ser ouvida e acolhida nas virtudes teologais da fé, da esperança e da caridade. Em atitude de resposta, de conversão, acreditando que se trata de uma palavra atual, viva e eficaz.

O rito da missa pede que, na procissão de entrada, se conduza solenemente o Evangeliário, não o Lecionário, logo após a cruz processional e seja colocado no centro do altar, significando que Cristo está presente no meio da assembleia celebrante tanto no altar como em sua Palavra. Cristo é o centro da celebração. Podemos dizer que Deus recebe, acolhe e constitui a assembleia celebrante através de sua Palavra simbolizada pelo Livro dos Evangelhos ou Evangeliário. Compreendido isso no seu significado mais profundo não tem mais sentido que a assembleia antes do rito da Palavra acolha a Palavra de Deus.

Nos anos depois do Concílio, não havia livros da Palavra de Deus para a liturgia. As leituras eram feitas dos folhetos. O que acontecia? Acolhia-se solenemente a Bíblia e, em seguida, as leituras eram feitas dos folhetos. Total distorção!

Hoje, tendo os livros da Palavra de Deus para a liturgia, não tem mais sentido aquela acolhida da Palavra de Deus. A Palavra de Deus é que nos acolhe e nós, depois, na sua leitura, acolhemos a Palavra de Deus.

Essa acolhida no coração como terreno fértil acontece enquanto ela é lida e ouvida pelos fiéis. Possamos ser ouvintes atentos da Palavra de Deus lida na assembleia. Possamos acolhê-la e devolvê-la a Deus com frutos de boas obras. E que as leituras da Palavra de Deus sejam feitas dos lecionários e do Evangeliário.

O *Aleluia* na aclamação ao Evangelho

Aleluia significa "louvai a Deus" ou "louvai ao Senhor". É expressão de profunda alegria e exultação em Deus. Através do *Aleluia* cantado a assembleia dos fiéis acolhe o Senhor que lhe vai falar no Evangelho, saúda-o e professa sua fé pelo canto. É cantado por todos, de pé, primeiramente pelo grupo de cantores ou cantor, sendo repetido, se for o caso; o versículo, porém, é cantado pelo grupo de cantores ou cantor (cf. IGMR 62).

O *Aleluia* é cantado em todo o tempo, exceto na quaresma. O versículo é tomado do Lecionário ou do Gradual. No tempo da quaresma, no lugar do *Aleluia*, canta-se o versículo antes do Evangelho proposto no Lecionário. Pode-se cantar também um segundo salmo ou trato, como se encontra no Gradual (cf. n. 62). Durante a quaresma a Igreja como que faz jejum da alegria do *Aleluia* pascal.

Esse canto recebe um destaque especial na vigília pascal. É cantado solenemente antes do anúncio da Páscoa na proclamação do Evangelho, diante do círio pascal. É o romper da Páscoa. A partir do *Aleluia* pascal inicia-se a grande festa de cinquenta dias de *Aleluia* até o Pentecostes. Durante a oitava da Páscoa o envio final da missa e a resposta se fazem através do acréscimo de um duplo *Aleluia*. Trata-se de um grito de alegria e júbilo, pois "Este é o dia que o Senhor fez para nós; alegremo-nos e nele exultemos. Aleluia!" Este refrão vai se repetindo na oitava da Páscoa tanto na celebração eucarística como na liturgia das horas.

Se o Salmo responsorial se volta sobre a leitura que o antecede, ou seja, a primeira leitura, o *Aleluia* com seu versículo se relaciona com o Evangelho que será anunciado. Convém, pois, que se tome realmente o versículo previsto no Lecionário e não qualquer versículo referente à palavra em geral.

Entrou aqui um mau costume, a partir das aclamações do Evangelho do tempo da quaresma, relacionadas com a Campanha da Fraternidade. Criaram-se muitos cantos de aclamação ao Evangelho, alguns mais, outros menos felizes. Aconteceu que, passada a quaresma, se continuou a entoar esses cantos de aclamação, sem o *Aleluia*.

Devemos notar ainda que há aleluias de caráter diferente conforme os mistérios celebrados quanto à melodia e o caráter mais ou menos solene e alegre. Um *Aleluia* pascal terá caráter diverso de um *Aleluia* de advento.

Cada comunidade deveria saber cantar em torno de uma dúzia de aleluias. Por exemplo, um típico para o Natal, outro de Páscoa, outro de Pentecostes, vários para os domingos do tempo comum, que são sempre festas pascais, um para o advento e, quem sabe, outro ainda para as festas e solenidades da Virgem Maria e um próprio dos santos. O versículo, em geral, tirado do Evangelho do dia, que consta no Lecionário, será cantado pelo cantor ou grupo de cantores, em um tom salmódico correspondente à melodia do *Aleluia*.

Havendo apenas uma leitura antes do Evangelho:

a) no tempo em que se diz o *Aleluia* pode haver um salmo aleluiático ou um salmo e o *Aleluia* com seu versículo;

b) no tempo em que não se diz o *Aleluia* pode haver um salmo e o versículo antes do Evangelho ou somente o salmo;

c) o *Aleluia* ou o versículo antes do Evangelho podem ser omitidos quando não são cantados (cf. IGMR 62).

O Senhor esteja "convosco"

Agora, vamos refletir sobre o aspecto hierárquico e dialogal da assembleia litúrgica, como manifestação máxima do corpo de Cristo, a Igreja.

A Igreja, corpo místico de Cristo, manifesta-se em sua plenitude, quando reunida sob a presidência do bispo ou de um presbítero, seu delegado. Diz o Concílio Vaticano II:

> As ações litúrgicas não são ações privadas, mas celebrações da Igreja, que é o "sacramento da unidade", isto é, o povo santo, unido e ordenado sob a direção dos bispos. Por isso essas celebrações pertencem a todo o corpo da Igreja, e o manifestam e afetam; mas atingem a cada um dos membros de modo diferente, conforme a diversidade de ordens, ofícios e da participação atual (SC 26).

Mais adiante se afirma: "Nas celebrações litúrgicas, cada qual, ministro ou fiel, ao desempenhar a sua função, faça tudo e só aquilo que pela natureza da coisa ou pelas normas litúrgicas lhe compete" (SC 28).

Se esses princípios valem para toda ação litúrgica, aplicam-se particularmente à missa:

> A celebração eucarística constitui uma ação de Cristo e da Igreja, isto é, o povo santo, unido e ordenado sob a direção do bispo. Por isso, pertence a todo o corpo da Igreja e o manifesta e afeta; mas atinge a cada um dos

seus membros de modo diferente, conforme a diversidade de ordens, ofícios e da participação atual. Dessa forma, o povo cristão, "geração escolhida, sacerdócio real, gente santa, povo de conquista", manifesta sua organização coerente e hierárquica. Todos, portanto, quer ministros ordenados, quer fiéis leigos, exercendo suas funções e ministérios, façam tudo e só aquilo que lhes compete. [E acrescenta:] Toda celebração legítima da Eucaristia é dirigida pelo bispo, pessoalmente ou através dos presbíteros, seus auxiliares (IGMR 91-92).

Para expressar que somente os ministros ordenados presidem a celebração litúrgica na função de Cristo, cabeça do seu corpo que é a Igreja, ela reserva, pelas normas litúrgicas, as saudações, as bênçãos e o envio da assembleia ao ministro ordenado, no exercício de sua função. Os ministros não ordenados são considerados iguais entre os demais fiéis. Por isso, não ocupam a cadeira da presidência, nem saúdam liturgicamente, nem abençoam os fiéis. Por exemplo, em celebrações da Palavra, quem proclama o Evangelho não saúda a assembleia, mas diz simplesmente: "Ouçamos as palavras do Evangelho de Jesus Cristo, segundo Mateus", ou simplesmente: "Do Evangelho de Jesus Cristo, segundo Lucas".

Por outro lado, os ministros ordenados não dirão: "O Senhor esteja conosco", mas "O Senhor esteja *convosco*"; "Abençoe-*vos* o Deus todo-poderoso"; "A paz do Senhor esteja sempre *convosco*", e não "*conosco*"; "*Ide* em paz", e não "*vamos* em paz", e o "Senhor *vos* acompanhe", e não "*nos* acompanhe". Não é fácil largar um hábito adquirido!

O costume mais ou menos generalizado de os sacerdotes se incluírem nas saudações e bênçãos surgiu nos primeiros anos após o Concílio. Foi a tendência de se valorizar o sacerdócio batismal dos leigos. Feliz ideia, mas fora do lugar!

Os ministros ordenados em sua função, no diálogo com a assembleia, expressam o diálogo da assembleia com Deus. Eles estão agindo em nome de Deus, em nome de Cristo. É Deus, em nome de Cristo e na força do Espírito Santo, quem saúda, abençoa e envia. Exercem uma função mediadora entre Deus e a assembleia. Eles comunicam Deus com a assembleia e a assembleia com Deus. Trata-se de uma comunicação divina. Os ministros ordenados expressam e exercem uma especial presença e ação de Cristo na sagrada liturgia de todo o povo santo e sacerdotal de Deus.

Preparação da mesa do Senhor

Aqui nos encontramos diante de um verdadeiro atoleiro ritual, de uma tremenda sobreposição de ritos. É um rito que ainda tem muito a ser trabalhado para que seja um momento de profunda oração da assembleia.

A *Instrução Geral* prevê um rito que se desenvolve em três tempos ou três etapas. Nada de precipitação e de sobreposição de ritos. Conforme o caso, após a homilia, o *Creio* ou as preces, o sacerdote se assenta e acompanha o rito, vivendo-o também como seu através dos diversos ministros. Deve deixar que os ministros exerçam suas funções. É importante que todas as coisas estejam bem preparadas e dispostas, seja na credência, seja no fundo da igreja.

Primeira etapa ou momento: Preparação do altar

O diácono ou, na falta dele, o acólito instituído ou designado, ou o coroinha, prepara o altar, ou seja: leva ritualmente, não de qualquer jeito, da credência, o cálice com o sanguinho, a pala e o corporal, colocando-o no lado direito dele. O cálice não é oferenda, ficando, portanto, na credência. De pé, no centro do altar, o ministro abre o corporal e deixa o cálice do lado direito com o sanguinho e a pala em cima do cálice. Em seguida ou, se preferir, no início da preparação, o ministro coloca o missal sobre o lado esquerdo do altar.

Segunda etapa ou momento: procissão dos dons

O segundo momento consiste na apresentação dos dons pelos fiéis ou pelos acólitos, quando são levados da credência. Se as oferendas estiverem na credência, o acólito leva a patena maior ou âmbula com as hóstias em rito processional, apresentando-as ao celebrante, que nesse momento já se encontra no centro do altar. Em seguida, os acólitos apresentam-se com os recipientes do vinho e da água chamados galhetas. Se os dons do pão, do vinho e da água forem trazidos pelos fiéis, os acólitos acompanham o celebrante para receber os dons diante do altar.

É importante que os dons do pão, do vinho e da água sejam trazidos em rito significativo de apresentação e de oferta, compassada ou processionalmente e sem pressa, enquanto os fiéis acompanham com a vista essa procissão da apresentação dos dons. De preferência os fiéis acompanham a apresentação dos dons em silêncio; também pode ser acompanhada por um canto.

Terceira etapa ou momento: Apresentação dos dons ao altar

Recebidos os dons pelo diácono, quando houver, ou pelo sacerdote celebrante, eles são apresentados ao altar. Tanto na apresentação do pão como do cálice com vinho, o sacerdote os apresenta ao altar, segurando-os um pouco elevados sobre ele, enquanto profere a breve oração de louvor. Portanto, nada de elevar para o alto como se fosse uma oferta a Deus Pai. Apresenta, sim, ao altar que é Cristo.

Para lavar as mãos

Neste ponto houve significativo progresso. A água seja diversa daquela das oferendas. Uma jarra, uma bacia e uma

• 110 •

toalha, que possam garantir um gesto simbólico realmente significativo de purificação para toda a assembleia em preparação à grande ação de graças do sacrifício de louvor.

Conclusão do rito da apresentação dos dons

Esta conclusão compreende o convite à oração e a oração sobre as oferendas. O convite à oração é um "Oremos", ou melhor, neste caso, o "*Orai, irmãos...*" com a resposta do povo, diferente, portanto, do convite antes da oração do dia (coleta) e da oração depois da comunhão. A oração sobre as oferendas recolhe o sentido de toda a preparação da mesa do Senhor e a procissão dos dons e desperta a atitude sacrifical dos fiéis que se expressará na oração eucarística.

Canto das oferendas e coleta ou oferta dos fiéis

No rito da preparação da mesa do Senhor na missa temos dois elementos que ainda não conseguem ser harmoniosamente integrados no todo do rito e muitas vezes distraem do essencial. São eles o canto das oferendas e a coleta ou oferta dos fiéis.

Canto das oferendas ou da apresentação dos dons

O canto é facultativo. Os fiéis devem ser preparados para viver o rito da apresentação dos dons e preparação da mesa do Senhor, acompanhando o rito em silêncio, fazendo-o seu, transformando-o em verdadeira oração de louvor e de oferta a Deus daquilo que os dons do pão e do vinho com água significam. Durante o rito cada um vai dispondo o seu coração para entrar na atitude do Cristo, corpo dado e sangue derramado, cada qual vai despertando em si os motivos de ação de graças. Se houver canto, ele deve ajudar a viver a espiritualidade ou a mística desse momento. O ideal é que o canto, se houver, acompanhe os dois primeiros momentos do rito. E que no terceiro momento, o da apresentação dos dons ao altar, a assembleia acompanhe a pequena ação de graças proferida pelo celebrante e aclame da forma prevista. O canto pode também acompanhar as três etapas do rito (cf. IGMR 73-76; 139-145). A apresentação dos dons pode ser cantada pelo sacerdote e respondida pela assembleia: "Bendito seja Deus para sempre".

A coleta ou oferta dos fiéis

A coleta não pode ser um rito à parte, paralelo ou sobreposto a todo o rito das oferendas. Devem-se evitar ritos concomitantes, paralelos ou sobrepostos na liturgia. As ações devem ser realizadas uma depois da outra.

Como realizar o rito da chamada *coleta*, sem que se torne um ruído, uma distração total do essencial. Duas maneiras são possíveis.

Primeira forma: Todos os fiéis levam sua contribuição ou oferta para junto do altar, colocando-a em um cesto. Em cofre não é bonito, pois perde o significado do sinal. Nessa forma é importante observar o seguinte: Que o sacerdote aguarde assentado, até que termine a procissão das ofertas dos fiéis. Só depois se apresentam os dons do pão e do vinho com água para a ceia e o sacrifício. Não é adequado que as pessoas que não apresentem uma oferta também se dirijam ao cesto. O rito não seria autêntico. A oferta das pessoas como tais vem significada na procissão ou apresentação dos dons e, depois, na oração eucarística.

Segunda forma: O segundo modo é através do uso de tantas cestas e ministros da coleta quantas forem as pontas dos bancos de um lado e de outro, e, se a igreja for muito longa, tanto à frente como atrás. Assim que o sacerdote se assenta e o acólito prepara o altar, pode-se iniciar o canto das oferendas e os ministros da coleta saem com os cestinhos da frente e detrás. A ação não demora dois minutos. Chegados ao centro da igreja, ou se for pequena, ao fundo, todos os ministros da coleta dirigem-se ao fundo da igreja e vêm em procissão até ao altar, seguidos dos fiéis que levam em procissão o pão, o vinho e a água para o sacrifício. Quando próximos do altar, o sacerdote com os acólitos dirige-se até diante do altar para receber os dons. As ofertas serão depositadas junto ao altar, não em cima dele, e lá permanecerão até o fim da celebração como sinal significativo do empenho dos fiéis de viverem a Eucaristia na partilha dos bens, na prática da caridade, a exemplo do Cristo, corpo dado e sangue derramado. A *Instrução Geral* diz que o sacerdote recebe também as ofertas dos fiéis. Por isso, o sistema dos cofres ou dos cestos colocados junto ao altar não atende bem a essa ação do sacerdote de receber os dons dos fiéis (cf. IGMR 140).

Importante é que tudo seja realizado com devoção. Por isso devem-se evitar os ritos concomitantes ou sobrepostos. Tudo é oração na linguagem do rito vivido no seu significado.

O rito da paz

O canto da paz não existe. Ele foi introduzido indevidamente por causa de uma compreensão imperfeita do rito da paz na missa.

O "rito da paz" na preparação para a comunhão eucarística se compõe de três elementos: A oração pela paz, que a Igreja deseja que seja presidencial, a saudação da paz com a resposta do povo e o cumprimento da paz, sendo que o cumprimento é facultativo.

Trata-se antes de tudo da paz que é Cristo, da paz na própria comunidade celebrante, da paz no interior da Igreja de Cristo, da paz para toda a família humana.

No decurso da história, rito da paz já esteve colocado em vários outros momentos da missa. A reforma da missa após o Vaticano II preferiu mantê-lo antes do rito da comunhão, como preparação imediata a ela. Pensa-se hoje em uma possível mudança de lugar. Em todo caso, se bem-feito, o atual é o lugar mais adequado. Só pode entrar em comunhão com Cristo, quem estiver em comunhão com o próximo. Em outros momentos a saudação poderá ter outros sentidos: de acolhida, de despedida.

Para que não se torne um momento de dispersão da assembleia importa compreendê-lo no seu verdadeiro sentido. Que seja sóbrio, sem tumulto e não se prolongue demais, invadindo o rito que se segue, o da fração do pão, que deve ser intensamente vivido.

Infelizmente, aconteceu que o rito foi desvirtuado, acabando, muitas vezes, em verdadeiro tumulto. O padre, saindo do presbitério e indo até o fundo da igreja; todos querendo saudar a todos. Para interromper ou concluir a "saudação da paz" o padre celebrante grita o início do "Cordeiro de Deus", correndo para junto do altar, a fim de realizar o rito da fração do pão. Em momento tão solene de preparação para a comunhão, cria-se um verdadeiro tumulto, ficando o Corpo e o Sangue do Senhor sobre o altar em total abandono.

Para dar o devido lugar ao rito e ao cumprimento da paz, a *Instrução Geral sobre o Missal Romano*, em sua terceira edição típica, reconduz o rito à sua verdadeira proporção:

> Segue-se o rito da paz no qual a Igreja implora a paz e a unidade para si mesma e para toda a família humana e os fiéis exprimem entre si a comunhão eclesial e a mútua caridade, antes de comungar do sacramento. [...] Convém, no entanto, que cada qual expresse a paz de maneira sóbria apenas aos que lhe estão mais próximos (IGMR 82).

Ao descrever o rito no cap. IV, temos a seguinte orientação:

> Depois, conforme o caso, o sacerdote acrescenta: *"Meus irmãos e minhas irmãs, saudai-vos em Cristo Jesus"*. O sacerdote pode dar a paz aos ministros, mas sempre permanecendo no âmbito do presbitério, para que não se perturbe a celebração. Faça o mesmo se por motivo razoável quiser dar a paz para alguns poucos fiéis. Todos, porém, conforme as normas estabelecidas pela conferência episcopal, expressam mutuamente a paz, a comunhão e a caridade. Enquanto se dá a paz, pode-se dizer: *"A paz do Senhor esteja sempre contigo"*, sendo a resposta: *"Amém"* (IGMR 154).

Na XI Assembleia Geral de 1970, a CNBB decidiu que "o rito da paz seja realizado por cumprimento entre as pessoas do modo com que elas se cumprimentam entre si em qualquer lugar público".

Realizando-se o cumprimento dessa forma não há lugar para um canto, pois nem há tempo para isso. O gesto de paz, de comunhão e de caridade manifestado ao vizinho realmente se dirige a todos os presentes, bem como aos ausentes. Querer saudar a todos nessa hora é quase impossível. E corre-se o risco de omitir alguém, tornando-se a ação, quem sabe, sinal não de paz e de amor, mas talvez de discórdia. Trata-se, pois, de um gesto ritual simbólico significativo da paz e do amor em Cristo que abrange a todos.

O "Cordeiro de Deus" e a fração do pão

O padre não tem nada a ver com o "Cordeiro de Deus" na missa. Quem o inicia, cantado ou recitado, é normalmente o animador do canto ou o cantor.

Importante aqui é o rito da fração do pão. Vamos ver o que diz a *Instrução Geral sobre o Missal Romano*:

> O sacerdote parte o pão eucarístico, ajudado, se for o caso, pelo diácono ou um concelebrante. O gesto da fração realizado por Cristo na última ceia que, no tempo apostólico deu o nome a toda a ação eucarística, significa que muitos fiéis pela comunhão no único Pão da vida, que é o Cristo, morto e ressuscitado pela salvação do mundo, formam um só corpo (1Cor 10,17). A fração se inicia terminada a transmissão da paz, e é realizada com a devida reverência, contudo, de modo que não se prolongue desnecessariamente nem seja considerada de excessiva importância. Este rito é reservado ao sacerdote e ao diácono. O sacerdote faz a fração do pão e coloca uma parte da hóstia no cálice para significar a unidade do Corpo e do Sangue do Senhor na obra da salvação, ou seja, do corpo vivente e glorioso de Cristo Jesus. O grupo dos cantores ou o cantor ordinariamente canta ou, ao menos, diz em voz alta a súplica "*Cordeiro de Deus*", à qual o povo responde. A invocação acompanha a fração do pão; por isso, pode-se repetir quantas vezes for necessário até o final do rito. A última vez conclui-se com as palavras *dai-nos a paz* (IGMR 83).

Algumas observações. O rito da fração do pão não se realiza na hora da consagração justamente para lhe dar maior relevo antes da distribuição do Corpo e Sangue do Senhor. Para que esse rito expresse realmente o que Cristo fez na última ceia, pede a *Instrução Geral*:

> Convém, portanto, que, embora ázimo e com a forma tradicional, seja o pão eucarístico de tal modo preparado que o sacerdote, na missa com povo, possa de fato partir a hóstia em diversas partes e distribuí-las ao menos a alguns dos fiéis. Não se excluem, porém, as hóstias pequenas, quando assim o exigirem o número dos comungantes e outras razões pastorais. O gesto, porém, da fração do pão, que por si só designava a Eucaristia nos tempos apostólicos, manifestará mais claramente o valor e a importância do sinal da unidade de todos em um só pão, e da caridade fraterna pelo fato de um único pão ser repartido entre os irmãos (IGMR 321).

Daí a conveniência de uma patena de maior dimensão: "Para consagrar as hóstias é conveniente usar uma patena de maior dimensão, onde se coloca tanto o pão para o sacerdote e o diácono, bem como para os demais ministros e fiéis" (IGMR 331). Portanto, a patena pequena sobre o cálice praticamente foi abolida. Outra coisa importante: Que se procure comungar das hóstias consagradas na mesma missa e se tome da sagrada reserva [i. é, as partículas guardadas no tabernáculo ou sacrário] quando realmente faltarem hóstias consagradas na mesma missa (cf. IGMR 85).

O "Cordeiro de Deus" é a invocação que acompanha a fração do pão (cf. IGMR 83, 155). Essa invocação que manifesta a humildade de quem se aproxima da mesa do Senhor é uma prece em forma de ladainha. Em si, as invocações seriam cantadas ou proclamadas pelo cantor ou pelo grupo de cantores e o povo responderia o "*tende piedade de nós* e *dai-nos a paz*". Em todo caso, deve haver uma sincronia entre o rito da fração e da intinção da partícula de hóstia no cálice e o canto do *Cordeiro*. O canto não deve prolongar-se além do rito, inclusive para que o povo, enquanto o sacerdote se prepara com uma oração silenciosa para a comunhão, também se prepare devidamente por uma oração silenciosa. Em geral não se dá oportunidade para isso.

Para dar é preciso partir. Como Jesus se dá a nós, também nós somos chamados a partilhar a vida com os irmãos e irmãs; tornar-nos pão partilhado, o Cristo repartido.

Comunhão na boca ou na mão

Nos primeiros séculos da Igreja, ao menos até o século IX, a comunhão, o pão consagrado, era dada na mão e o fiel o levava à boca. Isso tanto no Oriente como no Ocidente.

Alguns Pais da Igreja falam sobre a extensão das mãos em forma de cruz, sendo que se estendia a mão direita em forma de concha, apoiada pela mão esquerda como um trono para a direita receber o Rei. Interessante essa alusão à cruz, formada pelas duas mãos estendidas, fazendo entender que a Eucaristia tem a ver com a comemoração do sacrifício de Cristo na cruz.

Consta que, no tempo de Santo Agostinho (séc. V), para receberem a comunhão as mulheres tinham de usar uma espécie de lenço ou véu branco sobre as mãos, talvez o mesmo com que cobriam a cabeça. Os homens se limitavam a lavar as mãos. Contudo, para beber do cálice deviam usar um guardanapo.

O novo costume de dar na boca a partícula consagrada certamente não entrou na praxe antes do século IX. Em torno do ano 1000, esse costume de dar a comunhão na boca tornou-se uma praxe quase generalizada. Para a adoção dessa praxe certamente contribuiu não só um maior sentimento de respeito para com a Eucaristia, mas especialmente o costume introduzido um pouco antes de adotar as hóstias (já prontas) usadas para a missa e na comunhão dos fiéis. O costume de usar hóstias prontas, por sua vez, foi o efeito de uma difusa decadência da parte do povo da tradicional oferta do pão (trazido de casa).

Provavelmente esse hábito de dar a comunhão na boca tenha ocasionado outra praxe, a de receber a comunhão de joelhos. Assim, era mais fácil dar hóstia na boca. Até o século IX a comunhão em toda parte era sempre recebida de pé. O costume primitivo de se receber a comunhão em pé encontra-se no século XV, particularmente entre os cônegos premonstratenses e, em certas paróquias, ainda no século XVI.

O costume de receber a comunhão na boca tornou-se a única forma para os fiéis comungarem até o Concílio Vaticano II. As normas litúrgicas baixadas após o Concílio preveem ainda a comunhão só na boca. Mas, logo depois, pelo ano de 1965, algumas conferências episcopais, como as da França, da Alemanha e dos Países Baixos, pediram à Santa Sé o "privilégio" de dar comunhão na mão como na Igreja primitiva dos primeiros séculos. Como isso foi concedido, a CNBB também queria introduzir esse rito entre nós. Fez-se uma votação na conferência, onde os prós e os contra ficaram empatados. Chegaram, porém, ao consenso de pedir à Santa Sé esse "privilégio", ficando a sua prática a critério do bispo diocesano. Por isso, houve tanta diferença de diocese para diocese, até motivo de briga, no Brasil.

A terceira edição típica do *Missal Romano*, em sua *Instrução Geral*, prevê as duas modalidades a critério do desejo do fiel: comunhão na boca ou comunhão na mão. Assim, nem o padre nem os ministros extraordinários da comunhão eucarística poderão exigir ou impor uma ou outra forma. E o fiel tem direito de comungar sob uma ou outra forma.

O jeito franciscano de celebrar
Guia da celebração litúrgica franciscana

Frei Alberto Beckhäuser

No ano de 2010, o governo geral da Ordem dos Frades Menores instituiu uma comissão para proceder a uma revisão e atualização do calendário litúrgico da Ordem, particularmente referente ao Missal e à Liturgia das Horas. Pediu ainda a elaboração de um Ritual Seráfico, adaptando o Ritual Romano em celebrações próprias e típicas da Ordem, como jubileus, exéquias e outras.

Esta comissão iniciou os trabalhos em fins de novembro de 2010. Ela achou por bem, juntamente com os livros litúrgicos da Ordem, preparar um guia da celebração litúrgica franciscana, trabalho que foi confiado ao *Frei Alberto Beckhäuser*, OFM como um serviço a toda a Ordem.

O guia foi elaborado em quatro partes:

I. Alguns conceitos básicos.

II. O modo de celebrar de Francisco.

III. O modo de celebrar do franciscano.

IV. Liturgia celebrada e liturgia vivida.

O jeito franciscano de celebrar quer expressar a índole da celebração franciscana. O subtítulo explicita os diversos aspectos da abordagem do tema, como foi proposto na comissão litúrgica da Ordem: *Guia da celebração litúrgica franciscana*.

Frei Alberto Beckhäuser, OFM, nasceu em Forquilhinha, SC. Tinha doutorado em Liturgia pelo Pontifício Instituto Litúrgico de Santo Anselmo, em Roma. Desde 1967, acompanhou de perto a grande caminhada pós-conciliar da renovação litúrgica no Brasil. Durante seis anos foi assessor de liturgia da CNBB e durante quase 20 anos foi coordenador de traduções e edição de textos litúrgicos por parte da CNBB. Teve grande participação em Congressos internacionais sobre o tema da adaptação e inculturação da liturgia, dando especial atenção à religiosidade/piedade popular. Seus numerosos livros e centenas de artigos levam os leitores a uma compreensão teológica da liturgia e à participação dos mistérios celebrados. Foi professor no Instituto Teológico Franciscano, em Petrópolis, e deu inúmeros cursos e conferências sobre a Sagrada Liturgia ao clero.

CULTURAL

Administração
Antropologia
Biografias
Comunicação
Dinâmicas e Jogos
Ecologia e Meio Ambiente
Educação e Pedagogia
Filosofia
História
Letras e Literatura
Obras de referência
Política
Psicologia
Saúde e Nutrição
Serviço Social e Trabalho
Sociologia

CATEQUÉTICO PASTORAL

Catequese
  Geral
  Crisma
  Primeira Eucaristia

  Pastoral
  Geral
  Sacramental
  Familiar
  Social
  Ensino Religioso Escolar

TEOLÓGICO ESPIRITUAL

Biografias
Devocionários
Espiritualidade e Mística
Espiritualidade Mariana
Franciscanismo
Autoconhecimento
Liturgia
Obras de referência
Sagrada Escritura e Livros Apócrifos

Teologia
  Bíblica
  Histórica
  Prática
  Sistemática

REVISTAS

Concilium
Estudos Bíblicos
Grande Sinal
REB (Revista Eclesiástica Brasileira)
SEDOC (Serviço de Documentação)

VOZES NOBILIS

Uma linha editorial especial, com importantes autores, alto valor agregado e qualidade superior.

VOZES DE BOLSO

Obras clássicas de Ciências Humanas em formato de bolso.

PRODUTOS SAZONAIS

Folhinha do Sagrado Coração de Jesus
Calendário de mesa do Sagrado Coração de Jesus
Agenda do Sagrado Coração de Jesus
Almanaque Santo Antônio
Agendinha
Diário Vozes
Meditações para o dia a dia
Encontro diário com Deus
Guia Litúrgico

CADASTRE-SE
www.vozes.com.br

EDITORA VOZES LTDA.
Rua Frei Luís, 100 – Centro – Cep 25689-900 – Petrópolis, RJ
Tel.: (24) 2233-9000 – Fax: (24) 2231-4676 – E-mail: vendas@vozes.com.br

UNIDADES NO BRASIL: Belo Horizonte, MG – Brasília, DF – Campinas, SP – Cuiabá, MT
Curitiba, PR – Fortaleza, CE – Goiânia, GO – Juiz de Fora, MG
Manaus, AM – Petrópolis, RJ – Porto Alegre, RS – Recife, PE – Rio de Janeiro, RJ
Salvador, BA – São Paulo, SP